KB250128

부자로 가는
스쿨버스

부자로 가는 스쿨버스

동네 알부자들의 실전 노하우

글 **한동철**(서울여대 경영학과 교수, 부자연구센터장) · 카툰 **이강훈**

21세기북스

행복한 부자를 향한
첫걸음

"당신을 가장 행복하게 하는 건 무엇입니까?"

호주의 한 설문기관에서 재미있는 조사를 했답니다. 1,470명을 대상으로 여러 사진을 보여주며 행복을 느끼게 하는 것을 고르라고 했다는군요. 일등을 차지한 것은 방긋 웃는 아기의 사진이었습니다. 그다음으로는 가족, 친구, 애완동물, 자연의 모습이었다고 합니다.

돈은 과연 몇 등을 했을까, 궁금한 마음에 살펴보니 거의 맨 마지막 순위에 올라 있더군요. 돈을 선택한 사람은 6% 남짓에 불과해 33%나 차지한 아기와 비교할 수 없는 수치였습니다. 역시 사람을 행복하게 해주는 것은 물질이 아니구나, 하는 깨달음을 주는 결과였지요.

나는 '대한민국에서 정통파 부자학을 가르치는 유일한 대학교수'라는 이야기를 들을 때 가장 행복합니다. 국민소득이 수천 달러도 되지 않았던 때에 미국에 경영학을 공부하러 갈 수 있었던 것만도 행운인데, 한국에 돌아와 '부자학개론'을 개설해 대학생들을 가르치는 것은 더 큰 행운이 아닐 수 없습니다. 그 과정에서 만났던 다양한 사람들과의 이야기, 그리고 체험하며 배운 교훈으로 이 책을 쓸 수 있었습니다. 결코 내가 잘나서가 아니라, 대한민국의 곳곳에서 살아가는 수많은 부자들의 경험들을 모자이크하면서 풀어나간 이야기들입니다. 그렇기 때문에 그들에게 가장 깊은 고마움을 느끼고 있습니다.

우리나라에는 '작은 부자'들이 상당히 많습니다. 중대형차를 포함해서 집에 차가 두 대면 부자입니다. 아파트 평수가 50평이 넘으면 일단 부자의 반열에 들어설 수 있습니다. 서울 시내에 빌딩이 4만 개가 넘는다는데, 그중에 하나만 있어도 작은 부자는 됩니다.

위에 열거한 조건 중에 나도 한두 가지는 해당되는데 왜 부자가 아닐까, 하시는 분이 있을 겁니다. 그러나 잘못 생각하고 있는 것입니다. 당신도 분명히 부자입니다. 이미 우리나라는 부자국가의 초기 단계에 돌입하였고, 조금만 노력하면 얼마든지 부자가 될 수 있습니다. 국민소득이 2만 달러 정도가 되었으니 세계에서 부자국가에 드는 것이지요. 전 세계에서 최강대국이며 부자국가인 미국에서도 대다수의 사람들은 당신보다 더 떵떵거리며 살지 못합니다. 수십 년 동안 계속 내야 하는 장기 임대 주택과 자동차 두 대 정도에, 고기를 마음대로 먹을 수 있으며 주말에 파티를 한 번 하는 정도입니다. 우리나라에서 자기 아파트가 있고, 차가 한 대 혹은 두 대이고, 가족들과 가끔 패밀리 레스토랑을 갈 수 있다면 당신노 이미 부자입니다.

전 세계의 인구는 70억이 넘습니다. 대한민국에서 태어나 20대 중반에 취직해 연봉을 3천만 원 정도 받는다면, 그는 전 세계 70억 인구 중에서 4억 등에 드는 사람입니다. 4, 50대에 아직도 직장에 다니며 월급을 5천만 원 이상 받고 자기 집이 있으면 당신은 세계에서 1억 등 이내에 충분히 듭니다. 당신도 이미 초기 부자입니다.

모 그룹의 회장 재산이 몇조 원이라는 이야기는 듣지도 마십시오. 대한민국에서 주식으로 500등에 드는 부자의 재산이 150억대라는 사실도 잊으십시오. 열등감만 느낄 뿐입니다. PDP TV를 볼 수 있는 집에 살고 있고, 당신의 미래를 위해 한 달에 40만 원 이상 지출할 수 있으며, 친구들과 맥주를 마시고 기분 좋게 계산할 수 있다면 행복하다고 생각하세요.

이제 더 이상 부자는 남의 일이 아닙니다. 멀찍이서 부러워하고 배 아파하던 시절은 지났습니다.

누구나 부자가 될 수 있습니다. 단지 방법을 모를 뿐이죠. 이럴 때 부자 학교라도 있다면 얼마나 좋을까, 하는 상상을 한번쯤 해보았을 겁니다. 부자 학교로 가는 스쿨버스에 훌쩍 올라타기만 하면 될 테니까요. 나는 그 기적의 버스에 친절한 운전기사가 되고자 합니다. 꿈을 가진 여러분을 부자의 종착지까지 안전하게 모시겠습니다.

창밖으로 지나가는 풍경을 허투루 보지 마세요. 하나하나 당신에게 가르침을 준다는 걸 잊으면 안 됩니다. 작은 동네 부자들, 거대한 큰손들, 무심히 지나치는 사람들 중에 보고 배워야 할 존재는 얼마든지 있습니다. 우리는 그들을 만나 부자 되는 방법을 배울 겁니다.

이 버스에 올라탄 사람 모두 부자가 되는 길을 달리고 있습니다. 그러고 보면 부자 학교란 따로 있는 것이 아닙니다. 바로 이 세상이 학교지요. 세상 곳곳에 숨은 이름 없는 부자들이 우리의 스승입니다.

나는 '부자학을 가르치는 동안 행복하게 살자'고 다짐했습니다. 앞서 이야기했듯, 돈으로는 어떤 행복도 살 수 없습니다. 하지만 돈이 없으면 행복도 없지요. 나는 세상의 더 많은 사람들이 부자가 되기를 소망합니다. 그것이 구두가 닳도록 뛰어다니며 부자학을 강의하고 부자 되는 비법을 알려주는 이유입니다. 그러나 정말로 내가 원하는 건 온 세상이 행복한 부자로 가득차는 것입니다.

지금부터 부자를 찾아 떠나는 여행을 시작합니다. 이것은 곧 부자가 되기 위한 걸음이기도 하지요. 안전벨트를 단단히 매고 손잡이를 붙잡으세요. 행복한 부자를 향한 첫걸음을 떼겠습니다.

예비 부자들과의 즐거운 여행을 기대합니다.

한동철

contents

"절벽에 매달려 무슨 생각을 했는가?"

"살아남으려면 나뭇가지를 놓아선 안 된다는 생각만 했습니다."

"바로 그게 부자가 되는 방법일세. 자네 손에 들어온 돈은 죽을 각오로 움켜쥐고 놓지 말게.

그러면 부자가 될 수 있어."

부자 되고 싶은 사람
여기 모여라

부자수업 첫시간

옛날이야기를 하나 하겠다. 소문난 천석꾼에게 한 젊은이가 찾아왔다. 그는 대뜸 '부자가 되는 방법을 가르쳐달라' 고 졸랐다. 천석꾼은 젊은이를 낭떠러지로 데려갔다. 그리고 나뭇가지를 잡고 매달리게 한 다음, 자신은 집으로 가버렸다. 혼자 남은 젊은이는 눈물, 콧물 다 흘려가며 떨어지지 않으려고 버둥댔다. 팔에 힘이 빠졌지만 생명줄을 놓을 수는 없었다. 밤이 깊어서야 돌아온 천석꾼은 젊은이를 끌어 올려주었다.

"절벽에 매달려 무슨 생각을 했는가?"

"살아남으려면 나뭇가지를 놓아선 안 된다는 생각만 했습니다."

"바로 그게 부자가 되는 방법일세. 자네 손에 들어온 돈은 죽을 각오로 움켜쥐고 놓지 말게. 그러면 부자가 될 수 있어."

그 말에 젊은이는 큰 깨달음을 얻었다.

천석꾼의 말처럼 손에 들어온 돈은 절대 내놓지 않는 것이 부자의 법칙이다. 그렇다면 절벽의 나뭇가지처럼 붙잡아야 할 돈은 어떻게 벌어야 할까? 일단 돈을 벌어야 악착같이 지키든 말든 할 것이 아닌가.

부자가 되고 싶다면 다음 세 가지를 기억하라.

첫째, 돈 냄새를 맡아라. 동물적인 감각을 충분히 활용해 세상 곳곳에 숨어 있는 돈을 찾아내라. 남들이 잘 하지 않는 일, 위험하고 어려워 보이는 일에 과감히 손을 대라. 돈은 그런 곳에 숨어 있다. 그러나 여기서 한 가지 주의할 점이 있다. 돈 냄새를 맡는 데는 냉철한 판단력이 필요하다. 귀가 얇아서 꾐에 넘어가 쉽게 지갑을 열었다면, 당신은 돈 냄새를 제대로 맡은 것이 아니다. 조금만 투자해도 고소득을 보장한다는 달콤한 말은 절대로 믿지 마라. 세상에 그렇게 쉽게 이익을 얻을 수 있는 방법은 없다. 방향제에 취한 줄도 모르고 꽃향기를 맡았다고 착각해서는 안 된다.

둘째, 죽을힘을 다해 덤벼라. 그동안 내가 만난 부자들은 "하루에 17시간 이상 일하지 않으면서 부자가 되려고 생각했다면 그것은 사기다"라고 입을 모아 말했다. 적당히 일하는 사람은 적당히 살 수밖에 없다. 반에서 1등 하고 싶다면 밤새워 공부하는 것은 당연하다. 잠을 줄이고, 친구를 덜 만나고, 여가시간을 줄여라. 일정 부분을 포기하지 않으면서 꿈을 이룰 수 없다. 버리는 것이 있어야 얻는 것이 있다. 야생의 동물들이 싸우는 모습을 본 적이 있는가. 동물들은 목숨을 걸고 덤빈다. 상대방을 물러서게 하지 못하면 내가 죽는다는 각오로 싸운다. 비비 원숭이는 한 번 물면 목이 달아나도 놓지 않는다. 죽을 각오로 덤비는 사람을 이길 자는 없다는 사실을 기억하라.

마지막으로 한번 내 손에 들어온 돈은 절대 내놓지 마라. 움켜쥔 나뭇가지를 놓으면 절벽 아래로 떨어진다는 각오로 꽉 잡아라. 일 년에 부인의 생일날 말고는 외식을 한 번도 하지 않는 부자들도 많다. 손자에게 주는 용돈 천 원이 아까워 쓴 입맛을 다시는 부자들도 있다. 반짝반짝 빛나는 외제차가 주차장에 있는데도 기름값이 무서워 버스를 타는 부자도 있다. 그토록 간절하게 꿈꾸던 부자가 되었으니 그동안 못 먹고 못 입었던 것들을 한꺼번에 하겠다고 생각하면 안 된다. 기다리던 월급날이 돌아왔다고 하루 만에 그 돈을 물 쓰듯 써버리면 남은 한 달은 얼마나 고단하겠는가. 그런 사람에게 부자로 사는 달콤한 나날은 순식간에 지나가 버린다.

화이팅!
이 정도
오기도 없다면
차라리
포기하는 게
낫지!

치약에 가느다랗게 눈금을 그어놓고 아껴 쓰라고 가족을 다그친다. 쓰레기를 들고 나가 남이 버린 종량제 봉투에 끼워 넣는다. 최소한 식구 셋이 화장실에 다녀와야 물을 내린다. 광고전단지를 묶어서 연습장 대신 사용한다…. 이 얼마나 궁상맞은 짓인가! 그렇지만 이것이 바로 부자가 되는 첫걸음이다.

잊지 마라. 지금 손을 놓으면 낭떠러지로 떨어진다. 그리고 다시는 올라오지 못한다. 부자가 되고 싶다면 당신이 붙잡은 나뭇가지에 끝까지 매달려라. 당장은 힘에 겨워 나뭇가지를 놓고 싶겠지만 그러면 평생 부자는 되지 못한다. 그러니 조금만, 조금만 더 버텨라. 그러면 당신도 부자가 될 수 있다.

백만 번의 기적
마인드 컨트롤의 힘

인디언 부족에게는 이런 말이 전해온다. 원하는 것이 있다면 그것을 백만 번 외쳐라. 그러면 가질 수 있다. 지금 당신이 간절히 원하는 것은 무엇인가. 한 단어로 그것을 명확하게 정리하고, 마음속으로 백만 번 되뇌어라. 그러면 인디언의 말처럼 그것이 현실로 이루어질 것이다.

'백만 번의 기적' 이야기를 듣고 이런 생각이 들었다. 주문을 백만 번 외칠 정도의 열정이라면 무엇이든 해낼 수 있을 것이다. 그리고 끊임없이 되풀이되는 간절함 때문에라도 행동이 변할 것이다. 내가 원하는 것을 분명히 알고 지향하는 것, 그것을 우리는 마인드 컨트롤이라고 한다.

십몇 년 전, 나강인이라는 까까머리 시골 소년이 지긋지긋한 가난이 싫어 봉평에서 고등학교를 다니다 도망치다시피 무작정 서울행 버스에 몸을 실었다. 아침을 먹으며 점심을 걱정하고, 저녁을 먹은 날은 다음 날 한 끼를 굶어야 했다. 비록 옷차림은 허름하고 몸은 깡말라 볼품없었지만 소년의 마음속에서는 뜨거운 열정이 끓어올랐다.

'나는 부자가 되겠다.'

그는 우여곡절 끝에 간신히 지하상가 귀퉁이에 있는 가게에 취직해서 리어카 행상과 배달을 하며 성실하게 일했다. 한시도 마음 편히 쉴 틈이 없었을 만큼 늘 바빴다. 엉덩이가 밖으로 삐져나올 만큼 좁디좁은 화장실 문고리를 잡고 '나는 부자가 되겠다'고 속으로 외치고 또 외쳤다. 온종일 땀으로 목욕하듯 일하고, 쪼그린 채 새우잠을 자면서 그는 다짐하고 다짐했다.

매출이 계속 늘자 사장은 새로운 제안을 했다. 가게를 하나 내줄 테니 알아서 경영하고 집세만 내라는 것이었다. 자기 소유의 가게에 첫발을 내딛던 날, 그의 기쁨은 말할 수 없었다.

부자가 되는 데는 자기 최면이 가장 중요하다. 돈을 위해 물불 가리지 않고 달려드는 강한 의지는 부자가 되려는 꿈을 실현시켜

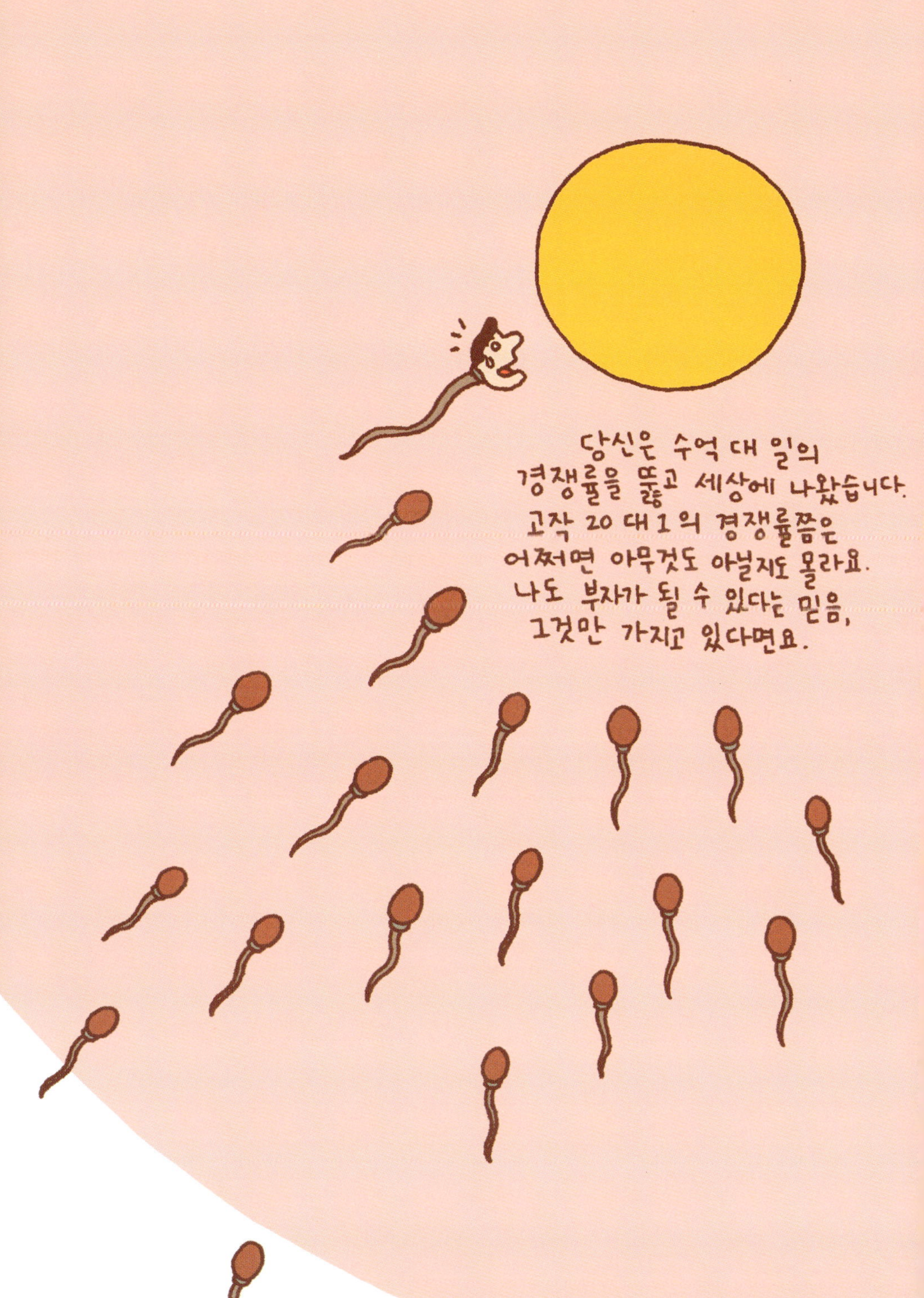

당신은 수억 대 일의
경쟁률을 뚫고 세상에 나왔습니다.
고작 20 대 1 의 경쟁률쯤은
어쩌면 아무것도 아닐지도 몰라요.
나도 부자가 될 수 있다는 믿음,
그것만 가지고 있다면요.

준다. 부자가 되고 싶으면 독한 마음을 먹어야 한다. 나는 부자 세미나를 할 때마다 '독한 사람만이 부를 얻을 수 있다' 고 강조한다. 강의를 하는 동안에는 눈빛을 번뜩이며 주먹을 꽉 쥐다가도 대부분의 사람들은 강의가 끝나면 금세 나약한 마음을 드러낸다. 말이야 쉽지, 못하겠다는 것이다. 나는 이런 사람들에게 그렇게 나약해서야 어떻게 부자가 되겠느냐고 되묻고 싶다.

대한민국 부자는 전체 인구의 5%를 넘지 않는다. 오늘 태어난 신생아 20명 중 한 명만이 부자가 된다는 것이다. 그러므로 20 대 1의 경쟁률을 뚫을 수 있는 독종만이 부자가 될 수 있다.

미국에서 베스트셀러가 된 『부자 되는 법』이라는 책에는 이런 글이 적혀 있다. "부자가 되려는 생각을 열심히 하면 부자가 되려는 행동이 저절로 나온다." 부자 마인드는 부자가 되겠다는 독한 마음을 먹는 것이다. 부자가 되겠다고 이를 악무는 순간, 당신은 이미 절반은 부자가 된 것이다.

부자를 만들어주는 대학은 없다
부자 5수에 슬퍼 말아라

돈을 벌고 싶지만 학력이 변변찮아 어렵다는 사람들을 많이 보았다. 그들은 부자가 되려면 머리도 좋아야 하니 일류대학 졸업장쯤은 있어야 하는 게 아니냐며 미리 절망한다. 나는 자신의 처지를 비관하는 그들에게 단호하게 말한다. 부자가 되고 싶다면 굳이 대학을 나올 필요가 없다. 학력과 재력은 상관이 없다. 미국의 백만장자 가운데 10%는 문맹이다. 이것은 돈 버는 머리와 공부 잘하는 머리는 다르다는 것을 보여주는 예다.

대학을 다니면서 좀더 배웠다는 것뿐 대학 졸업장은 부자가 되는 것과는 아무 관련이 없다. 아니, 대학을 다녔다는 사실이 도리어 방해가 될 때도 있다. 대학까지 나왔는데 장사 따위를 할 수 있겠느냐고 생각하는 마음이 들기 때문이다. 그래서 학력이 대졸 이상인 사람들은 부자 되기가 쉽지 않다. 한국 부자 가운데 대부분이 대학을 나오지 않았다. 부자가 된 이후에 대학의 최고경영자 과정에 등록하면서 캠퍼스를 밟아보는 것이 전부다. 그것도 머리가 하얗게 센 중년이 되어서.

공부는 혼자 생각하고, 읽고, 쓰고, 외우며 한다. 부자는 장사하고, 투자해서 된다. 부자가 되는 것은 타인과 같이하는 게임이고, 공부하는 것은 혼자 하는 게임이다.

국내에서 부자는 전체 인구의 5%가 되지 않으니, 95%가 부자가 아니다. 대입 경쟁률이 아무리 높아도 10 대 1이다. 그러나 부자가 될 확률은 어떠한가. 따져보기도 어려울 만큼 희박하다. 따라서 부자가 되는 것은 대학에 들어가는 것보다 훨씬 더 힘들다.

전 세계에서 으뜸가는 선진국이라는 미국에서 부자가 되려고 가장 많이 택하는 방법은 다름 아니라 자영업을 하는 것이다. 닭고기 체인점을 내거나, 주유소를 하거나, 액세서리 점포를 여러 군데 내거나, 술집을 하는 것이다. 그런데 자영업을 해서 부자가 된 사람들 가운데 10분의 8은 대학을 나오지 않았다.

인천에서 쇠창틀 공장을 운영하는 50대 초반 공무식 씨는 연매

출 80억 원을 올리는 중소기업의 사장이다. 그는 고향인 전남을
떠나 인천에 터를 잡고 부자가 되는 꿈을 꾸었다. 대학이라곤 문턱
에도 못 가봤고 가진 건 몸뚱이뿐이니 어쩌겠는가. 그저 성실함과

건강만 믿고 부지런히 일해 알뜰하게 모았다.

그는 부자가 되기까지 다섯 번의 실패를 겪었다. 겨우 마련한 가게가 망하고, 믿고 맡긴 돈을 사기당하는 등 고난이 뒤따랐다. 그는 우스갯소리처럼 자신은 부자 5수를 했다고 말한다. 대학 시험도 재수와 삼수를 거쳐 오수까지 하라면 어지간해서는 못할 일이다. 어느 정도 공부한 사람이었다면 그는 아마 일찌감치 포기했을 것이다. 못 배웠기 때문에 악으로, 깡으로, 근성으로 버틸 수 있었다. 아무것도 없는 사람에게 좌절의 쓴맛은 오히려 다시 시작할 수 있는 계기가 되고 포기하지 않는 힘이 되었다.

부자를 만들어주는 대학은 없다. 정작 중요한 지식은 학교에서 가르쳐주지 않는다. 어떤 작가는 세상을 '지붕 없는 학교'라고 불렀다. 그 말에 공감한다. 정말 필요한 공부는 세상에 나와서 배운다. 몸으로 부딪쳐 깨져가며 얻는다. 학창 시절에 공부를 못했거나 가방끈이 짧아도, 대학을 나오지 않아도 부자는 될 수 있다. 당당하게 세상과 맞서 용감하게 싸울 자신만 있다면 누구나 부자가 될 수 있다.

04

부자가 되는 심리와
대중 심리

이 글을 읽는 사람이 어떤 심정으로 읽는지 글을 쓰다가도 생각에 잠기곤 한다. 아마도 부자 되는 방법이 무엇인지 알려주기를 기대하거나 부자에 대한 정보를 얻으려고 이 책을 골랐을 것이다. 한 권의 책에 기대고 싶을 만큼 부자라는 말에는 누구나 귀가 솔깃해진다.

우리나라를 강타한 부자 열풍은 쉽게 사그라지지 않을 듯하다. 부자는 이제 대중적인 코드가 되었다. 10억 만들기가 유행하는가 싶더니 어느덧 액수가 다섯 배로 올라갔다. 서점마다 재테크 서적이 쏟아져 나오고 텔레비전만 켜면 새로운 경제정보를 알려준다

이 지구상의 모든 돈과 재물이
어느 날 오후 3시에 전 세계 사람들에게
골고루 나누어진다고 가정한다면,
3시 30분쯤이면 우리는 이미 사람들의
소유상태에 상당한 차이가 있음을
확인할 수 있을 것이다.

똑같은 기회가 주어지더라도
어떤 마인드를 가지고 있느냐에 따라
당신의 삶은 달라집니다.
당신은 부자가 되는 심리를
가지고 있나요?

미국의
석유 재벌
폴 게티

고 앞다투어 경쟁한다. 이것은 모든 국민이 부자 되기를 꿈꾼다는 것을 의미한다.

부자 신드롬이란 모두 부자가 되고 싶어하는 심리증후군이다. 문제는 원한다고 해서 누구나 부자가 되는 것이 아니라는 데 있다. 통계적으로 부자가 한 명 있으려면 다수의 보통 사람이 있어야 한다. 부자라는 용어는 돈의 흐름이 한 사람에게 과도하게 쏠려 있을 때 나오는 것이 아닌가. 아홉 사람이 천 원을 가지고 있는데 한 사람이 만 원을 가지고 있다면 만 원을 갖고 있는 사람이 부자다. 열 사람이 공평하게 만 원씩 가지고 있다면 누구를 부자라고 할 수 있겠는가. 그러니 모든 사람이 부자가 될 수는 없다.

돈이 흘러 다니는 시상을 가만히 내려다보자. 나를 포함하여 사람들은 모두 그 시장을 형성하는 개체들이다. 그들을 서로 연결하는 고리는 사고파는 시장 행위다. 직장에 다니든, 자영업을 하든 모두 자신의 능력과 서비스를 제공하고 그 대가로 돈을 받아 생활한다. 부자는 그런 상호관계에 따라 흐르는 돈을 다른 사람보다 더 많이 축적하는 재능이 있는 사람이다. 자본주의 시장을 하나의 거대한 그물망에 비유할 때 보통 사람이 작은 물고기를 낚는 낚싯대라면 부자는 큰 물고기를 노리는 그물이다.

당신은 아마도 지금 큰 그물은 아닐 것이다. 다시 말해서 부자가 아닐지도 모른다. 그러나 스트레스를 받거나 억울해할 필요는 없다. 부자는 '되는 것'이다. 그리고 누구에게나 부자가 될 기회는 있기 때문이다.

2, 30대 젊은이가 6, 70대 부자를 보면서 "난 부자가 아니야. 정말 살맛 안 나. 앞으로도 부자가 될 자신이 없어"라고 생각하는 자체가 문제다. 지금부터라도 자신의 능력을 객관적으로 파악하고 부자가 되기 위해 노력한다면 부자가 못 될 까닭이 무엇인가. 부자라는 말은 상대적인 개념이다. 지금 나의 나이와 능력에 비해서 돈을 얼마나 모았느냐, 아니냐가 중요하지 돈의 액수 자체가 중요한 것은 아니다.

나는 당신에게 이런 질문을 던지고 싶다. 당신은 지금 부자가 되는 심리를 갖고 있는가, 아니면 보통 사람의 대중 심리를 갖고 있는가? 부자가 되는 심리와 부자가 되기 원하는 심리는 다르다. '사촌이 땅을 사면 배가 아프다'는 속담이야말로 보통 사람의 심리를 적나라하게 보여준다. 극단적으로 표현하면 시기하고 질투하며 욕하는 것뿐이다. 돈 버는 사촌의 능력을 배우려 하지 않고, 자신의 무능력을 상대방에게 전가한다.

부자는 이 점에서 다르다. 사촌이 땅을 샀다고? 땅을 어떻게 샀을까? 투자한 돈은 어디서 났을까? 그 땅을 사서 얼마나 이득을 얻었을까? 부자는 끊임없이 관찰하고 그것을 자신에게 적용한다. 돈 버는 방법을 알고 싶기 때문이다.

부자가 되는 사람과 못 되는 사람은 이 부분에서 심리적으로 확연히 구분된다. 다시 한 번 생각해보자. 나는 지금 부자가 되는 심리를 갖고 있는가, 아니면 보통 사람의 대중 심리를 갖고 있는가.

05

내가 가난하게 살 수밖에
없었던 이유

 상대방 이야기를 차분히 듣지 않고 도중에 말을 끊는다.

화제의 중심에 항상 자신이 있기를 바라고, 제 자랑만 늘어놓는다. 툭하면 남을 헐뜯고 비난한다.

이렇게만 하면 사람들에게서 얼마든지 미움을 받을 수 있다. 일본에서는 '미움 받는 법'을 소개한 책이 있다고 하는데, 반어적인 표현에 절로 고개를 끄덕이게 된다. 그 반대로만 하면 사랑받을 수 있겠다는 깨달음을 주는 내용이 아닐 수 없다.

같은 맥락에서 우리는 '내가 가난하게 살 수밖에 없었던 이유'나 '내가 망한 까닭' 같은 책을 읽어야 할 것 같다. 사람들은 누구나 실패를 두려워한다. 그러니 다른 이가 망한 까닭을 알고 이해한다면 큰 도움이 될 것이다. 그 반대로만 행동하면 될 테니까. 그런데 과연 그런 책이 나올지는 잘 모르겠다.

성공한 부자이야기는 얼마든지 많다. 그러나 열 명이 달리기를 하면 일등은 한 명일 수밖에 없듯, 낙오자와 실패자는 반드시 나오는 법이다. 우리가 주목하는 것은 일등뿐이다. 하지만 꼴찌가 왜 꼴찌를 했는지 냉철하게 분석해 판단하는 사람은 없는 듯하다. 다음에 내가 운동장을 달려야만 한다면, 일등을 보고 부러워할 게 아니라 꼴찌의 실패 원인을 알아내야 할 것이다.

백상만 씨는 알부자였다. 평생을 바쳐 모아온 돈이 마침내 억대가 되자 장사를 해서 이 돈을 더 불려보기로 마음먹었다. 그런데 별다른 재주도 없거니와 고생을 하기는 싫었다. 깔끔하고 손이 많이 가지 않는 사업을 찾던 그는 마침 골프의류 점포가 매물로 나온 걸 발견했다. 점포가격도 싼 데다, 주인은 장사가 잘 되어 건물까지 장만했다며 그를 유혹했다. 백씨는 가게를 인수했다. 막상 장사를 시작하니 손님은 드물었다. 어쩌다 들어온 사람도 가격표를 뒤집어 보고는 눈이 휘둥그레져서 서둘러 나갔다. 백씨가 인수한 점포는 주변이 한적하고 세대수도 절대적으로 부족했다. 또 한 벌에 15만 원이 넘는 티셔츠를 팔기에는 점포시설도 너무나 낙후되었다. 전 주인은 입에 발린 거짓말을 늘어놓아 '순박한 부자'인 그를 속여 넘긴 것이다. 상권이나 입지조사, 사업계획도 없이 깨끗하고 손쉬운 일을 찾아 덤벼들었다가 실패한 예다.

또 다른 실패한 부자 남태만 씨는 어떨까. 그는 부모님에게 유산으로 물려받은 돈을 어찌할 바 몰랐다. 그동안은 부모님이 관리해 주었는데 이제 스스로 돈을 굴려야만 했다. 주위에서는 음식점 사업이 최고라고 떠들어 댔다. 그는 운영 경험도 없이 한정식당이 성업하는 것을 보고 알선업자에게 덜컥 돈을 맡겼다. 자금은 넉넉했지만 전문지식이 없던 그는 알선업자가 자기만 믿으라고 큰소리치자 모든 것을 그에게 의존했다. 그자에게서 주방장까지 소개받고 거의 모든 경영을 맡기다시피 했다. 그러나 알선업자는 자기 이익만 챙기며 뒷돈 거래, 불규칙한 근무, 직원들과의 갈등, 마진율 저하 등 여러 가지 문제를 일으켰다. 심약한 성격의 남씨는 결단을 내리지 못하고 질질 끌다가, 매출이 급락하면서 8개월 만에 망하

내일부터
시작하지 뭐.

자기한테
맡기기만 하면
당장 열 배로 튀겨
주겠다고?

팔랑팔랑

바다 같은
소리하고
앉아 있네.

고 말았다. 결국 그는 유산을 전부 탕진하고 전세방에 들어앉게 되었다.

어떻게 하면 망할까. 망하고 싶다면 방법은 간단하다. 실천하지는 않으면서 돈을 쉽게 벌려고 하면 망한다. 돈 버는 일에 헌신하지 않으면서 게으르게 살면 된다. 경제 시장의 변화에 무관심하고 우물 안 개구리처럼 돈을 움켜쥐고 있으면 부자가 될 수 없다. 투자에 대한 정보나 지식이 부족하고 연구 의욕도 적으면 망할 수 있다.

당신이 망하고 싶다면 백씨나 남씨처럼 하면 된다. 그렇게만 따라한다면 충분히 망할 수 있다. 그러나 부자가 되고 싶다면, 그 반대로 하라. 부지런히 스스로를 파악하고 뒤돌아보라. 나는 흥할 부자인가, 망할 사람인가.

06

부자는 무인도에
무엇을 가져갈까

무인도에 가져가고 싶은 물건을 세 가지 대라는 질문이 있다. 가족도 친구도 없이 혼자 무인도에 뚝 떨어지게 되었다. 그곳에 적응하기 위해 또는 생존하기 위해 필요한 세 가지 물건은 무엇일까. 나는 고민 끝에 책, 일기장, 사진첩을 골랐다. 어느 여학생은 자외선 차단제, 선글라스, 거울이라고 말해서 다 같이 웃었다. 어차피 정답은 없는 모양이다. 대답은 각자 취향과 인생관에 따라 다르겠지만, 곱씹어 보면 색다른 깨달음을 얻을 것 같다. 자신이 인생에서 무엇을 가장 소중하게 생각하는지 알 수 있을 테니 말이다.

그렇다면 부자들은 무인도에 무엇을 가져갈까? 부자가 된 사람

들이라면 그들이 인생에서 무엇을 가장 소중히 생각했는지를 알
수 있는 기회다. 부자들이 무인도에 가져가는 세 가지 조건. 그것
은 바로 노력, 인내, 행운이다. 이것이 부자가 되기 위한 조건이다.
부자는 이 세 가지만 있으면 무인도가 아니라 망망대해에서도 살
아남는다.

누구나 인생에는 기회가 세 번 찾아온다고 한다. 신은 공평해서
모든 인간에게 특별한 선물을 나누어준다는 것이다. 그러나 아무
나 행운을 붙잡지는 못한다. 부자는 일생에 겨우 두세 차례 찾아오
는 기회를 놓치지 않은 사람이다. 준비가 안 된 사람은 큰돈을 벌
기회가 찾아와도 놓치는 경우가 많다. 이것이 행운인지 불운인지
도 구분하지 못하는 것이다. 안타깝게도 기회의 요정은 뒷머리가
대머리라고 한다. 앞에서 잡지 않으면 아무리 뒤에서 손짓해도 돌
아오지 않는다는 의미다. '지금 알고 있는 걸 그때도 알았더라면'
이라는 후회를 늘어놓고 싶지 않다면 평상시에 눈썰미를 갈고닦
아야 한다.

가슴에 참을 인(忍)자를 그리는 인내력도 필요하다. 성질이 급하
고 다혈질인 사람은 부자가 되기 어렵다. 냉철한 판단력이 부자를
만든다. 남의 말에 솔깃해 똑같이 따라하는 귀 얇은 사람도 부자가
될 수 없다. 아파트 붐이 인다고 덩달아 아파트를 사면 돈을 못 번

다. 오히려 투기 거품이 꺼지면 쪽박을 차게 될 확률이 높다. 자기만의 방법을 체득해야 한다. 불황기에 재산을 잘 관리하고 있다가 불황이 끝날 조짐이 보일 때 남들보다 먼저 치고 나가는 게 좋다. 물론 이렇게까지 참고 견디는 것이 쉬운 일은 아니다. 그러나 현재의 작은 소득보다는 더욱 눈부신 미래를 보아야 한다.

부자의 조건 가운데 가장 중요한 것은 두말할 필요도 없이 노력이다. 노력이 부자를 만드는 데 80% 이상을 차지한다. 그러나 많은 이들이 이를 간과한다. 부자들은 자본주의 사회에서 자신의 노력으로 사회적 가치를 창출해낸 경제적 프로들이다.

우리나라 1인당 국민소득은 1960년대에 100달러가 안 된 적이 있었다. 이것이 30년 후인 1990년대에 1만 달러를 넘어섰다는 걸 기억해야 한다. 미국, 일본 등 선진국은 국민소득 1만 달러 시대를 여는 데 100년 이상 걸렸다. 우리 국민 모두 지난 40여 년 동안 억척같이 일한 결과, 지금과 같은 부를 누리고 있다고 할 수 있다. 그들의 엄청난 노력이 지금의 대한민국을 만들었다.

부자의 조건은 노력, 인내, 행운이라는 이야기를 했다. 나는 이 조건들을 달면서 이런 생각을 한다. 이 세 가지는 누구에게나 필요한 조건이며 굳이 부자의 꿈을 꾸지 않더라도 어떤 목표에나 반드시 필요한 조건이라는 것. 성공하고자 하는 이는 언제나 인내한다. 어떤 실패나 비웃음도 그를 꺾지 못한다. 그리고 끊임없이 노력한다. 사람들이 늘어지게 잠들었을 때도 그들은 붉어진 눈을 비비며 깨어 있다. 이처럼 노력하는 사람에게는 행운이 찾아오지 않을 수 없다.

우리는 아무도 없는 섬에 던져진 것처럼 혼자 살아간다. 세상은 망망대해처럼 두렵고 무서운 곳이다. 여기서 딱 세 가지만 가지고 살아가야 한다. 무엇을 고르겠는가. 당신은 그 해답을 이미 알고 있다.

07

인생 모델로 삼고 싶은
부자 모델을 찾아라

시간이 지나면 모두 변하게 마련이다. 성서에서는 솔로몬 왕의 입을 빌려 '모든 것이 헛되고 헛되다'고 했고, 불교에서는 '변하지 않는 게 없는 인생은 무상하다'라고 했다. 그것이 세상 이치라는 것은 누구나 다 알지만, 정작 그 진리를 깨달은 사람은 없는 것 같다. 당나라 재상인 한유가 어느 날 절을 찾아 대선사에게 깨달음을 얻고자 했다. 대선사는 무심한 표정으로 "별거 없소. 악한 일은 하지 말고 선한 일을 받들어 행하시오"라고 했다. 한유가 실소를 터뜨리면서 "그건 삼척동자도 다 아는 얘기 아닙니까?" 했더니 대선사는 빙긋 웃으며 이렇게 말했다.

못 하니까 안 하는 게 아니라
안 하니까 못하는 겁니다!
몇 해전에
심형래 감독이 TV에서
이런 말을 한 적이 있다.
성공하고 싶다고요?
누구나 다 알고 있는
그것을 실천하세요.
바로 지금부터!
D-WAR

"그러게 말이오. 삼척동자도 다 아는 얘기지만 천하의 공자님도 죽을 때까지 다 못할까 걱정하며 살았던 가르침 아니오. 불교의 가르침도 이것에서 벗어나는 게 하나도 없다는 걸 명심하시오."

누구나 다 알지만 아무도 실천하지 못하는 것. 그것을 우리는 진리라고 한다.

부자학을 강의하면서 사람들의 초조하고 불안한 마음을 가까이서 지켜보았다. 나이 많은 사람은 많은 대로, 젊은 사람은 젊은 대로 당장 부자가 못 되어 안달한다. 그들은 이미 심리적인 패배자다. 이런 사람들에게 다시 한 번 강조하고 싶은 것은 단 한 가지다. 지금까지 수없이 만나본 이 땅의 부자들은 하나같이 자기 길을 묵묵히 걸어온 사람이었다는 것이다.

사실 부자들은 부자가 되는 방법에 대해 아는 것이 별로 없다. 아무리 캐물어도 뒷머리를 긁적이며 이렇게 말할 뿐이다.

"저는 그냥 열심히 살았습니다…. 돈이 많이 벌리면 많이 벌리는 대로, 적게 벌리면 적게 벌리는 대로 모으고 아끼고 쌓았을 뿐이죠. 그저 제가 잘 알고 할 수 있는 일이니까 열심히 일하다 보니 여기까지 왔네요."

자기가 제일 잘할 수 있는 일을 찾아 부지런히 일하고 돈을 받아 소중히 다루는 것만이 부자가 되는 지름길이다. 시류에 현혹되지 않고 자신을 믿는 것만이 부자가 되는 황금률이다. 그러면 책을 읽는 사람들은 이렇게 항의할지도 모르겠다. "그건 다 아는 이야기가 아닙니까?" 하지만 안다고 해서 다 아는 것이 아니고, 한다고 해서 다 하는 것이 아니지 않은가. 인생은 흐르고 흘러 진화한다. 다들 행복한 삶, 풍요로운 부자를 꿈꾸며 살아간다.

강원도 산골에 사는 배덕순 아주머니는 부자 꿈을 꾸었다. 많이 배우지 못해 경제적 지식은 전혀 없는 분이었다. 그러니 돈을 무조건 쓰지 말자고 결심했다. 먹지도 말고, 입지도 말고, 버스도 타지 말자고. 물건을 사지 않다 보니 구멍 난 속옷 하나밖에 남지 않았다. 아주머니는 속옷만 가지고 살기로 마음먹었다. 속옷이 단 한 벌이니 여름에 냄새가 나면 그날 빨아서 밤새 말려야 다음 날 속옷을 입고 생활할 수 있었다. 그만 깜빡하고 잠이 들면 다음 날 내내 땀 냄새 때문에 머리가 아팠다. 어차피 내 몸의 냄새이니 별 문제 있나 하고 참다 보니 그것도 견딜 만했다. 결국 그분은 수십 년 동안 속옷 하나로 살았고, 일흔이 넘었을 때는 수십억 원을 모았다. 그리고 세상을 떠나시기 전에 재산을 모두 강원도의 어느 절에 기증했다. 어렵고 가난한 사람을 위해 써달라는 부탁과 함께. 이미 자신은 돈을 모으며 부자가 되는 즐거움을 얻었으니, 돈을 쓰며 얻는 기쁨은 다른 사람이 누려도 되겠다는 판단에서였다.

이 순박한 아주머니가 부자의 꿈을 꾼 이유는 무엇일까. 그것은 텔레비전에서 본 어느 할머니의 이야기 때문이다. 평생 고물을 주워 팔아온 할머니가 있었다. 할머니는 안 먹고 안 입으며 지독하게 아낀 돈을 대학에 가져다주었다. 이 돈으로 공부를 하고 싶은데 돈이 없어 못 하는 학생들을 도와주라는 것이었다. 자신이 못 배운 한이 있었는데 이제야 원을 풀었다며 밝게 웃었다. 그 모습이 아주머니의 가슴을 울린 것이다.

이 이야기를 들으며 인생의 모델이 얼마나 중요한지 알 수 있다. 부자를 인생 모델로 삼고 따라하면 부자가 될 수 있다. 부자의 행동을 그대로 따라하는 것은 부자공부의 핵심이다. 돈은 있을 수도 있고 없을 수도 있다. 중요한 것은 돈에 대한 지식과 정보, 바른 인식이다. 이것이 올바르게 정립되어 있다면 욕심을 통제하며 돈을 제대로 관리할 수 있다. 부자로 살고 싶다면 부자의 방식대로 살아야 한다. 부자의 인생을 살면 부자가 된다.

더 많은 부자들의 노블리스 오블리주를 기대한다. 사회적 지위가 높아지고 재산이 많아질수록, 그들이 도덕적인 책임을 잊지 않기를 바란다. 그들을 부자로 만들어준 사람들을 잊지 않고 가진 것을 나누는 모습이 많아지기를. 그것이 세상을 아름답게 하는 힘이라는 걸 알았으면 한다.

지갑을 열지 않고 생각해보라. 지갑 안에 얼마가 들어 있는지 정확하게 아는가.

현재 갖고 있는 통장의 잔액을 가늠해보라. 동전 하나까지 틀리지 않고 맞출 수 있을까.

이런 간단한 테스트로 당신에게 돈에 대한 감각이 있는지를 알 수 있다.

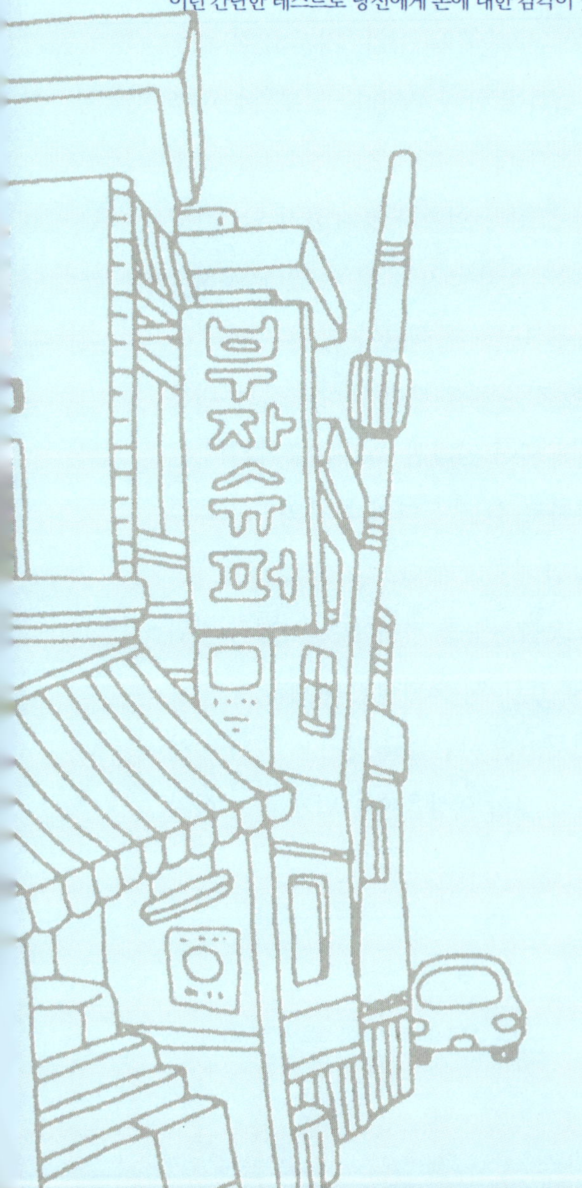

세상의 중심에서
돈을 외치다

08

현대판 꼬마 사또

옛날 어느 고을에 꼬마 사또가 부임해왔다. 모두 새파랗게 젊은 사또를 가소로워했다. 아직 머리에 피도 안 마른 녀석이 상전이랍시고 으스대는 게 꼴사나웠던 것이다. 아전들은 사또를 무시하기로 마음먹었다. 그래서 사또에게 머리를 조아리지 않았다. 그들은 반말과 존댓말이 섞인 어정쩡한 말투를 사용하며 인사랍시고 고개를 까딱거릴 뿐이었다.

그러나 꼬마 사또도 만만치 않았다. 그는 석수장이를 불러 돌로 갓을 만들라고 했다. 그리고 아전들에게 돌갓을 씌웠다. 이러니 고개를 숙이기 싫어도 저절로 휘청거리며 절을 하게 되었다. 아전들은 그제야 잘못을 빌며 용서를 구했다는 이야기다.

옛날 꼬마 사또가 현명함과 지혜로 아전들을 굴복시켰다면, 현대판 어린 사장님은 어떻게 할까.

회장 아버지를 둔 30대 아들이 어느 날 갑자기 사장으로 부임했다. 회사는 크게 술렁였다. 나이가 적어야 40대 후반이고 대개 50대인 간부들이 30대의 새파란 사장을 맞으려니 탐탁지 않았던 것이다. 속으로야 어떤 생각을 하든지 겉으로는 잘 보이려고 애썼지만 제까짓 게 뭘 알겠는가, 감히 조직을 움직일 수 있겠는가 하는 비아냥거림이 깔려 있었다.

젊은 사장이 낌새를 눈치 채고 그도 나름대로 방법을 강구했다. 사장은 야외에서 회식을 성대하게 벌였다. 한 사람도 빠짐없이 모이라는 명령에 투덜거리면서도 중역들은 모두 참석했다.

"지금부터 제가 한 잔씩 술을 올리겠습니다."

사장은 전 부하직원들에게 일대일로 대작을 하자고 제안했다. 노련한 간부들은 사장이 주는 술을 어떻게 받아야 할지 궁리하기 시작했다. 왼손으로 받을까, 그냥 쳐다보면서 받을까. 사장은 술병을 들고 나오며 흘리듯이 말했다.

"참, 올해 연말에는 전체 중역을 공정하게 평가할 예정입니다. 능력이 되지 않는 사람은 회사를 떠나게 되겠지요. 아시다시피 월급을 책정하는 건 사장의 일입니다. 기왕 사장이 되었으니 열심히 해서 회사를 키워나가야죠."

첫 번째 잔은 40대 초반의 비서실장이 받았다. 뜻밖에도 그는 자신보다 한참 어린 사장 앞에 두 무릎을 꿇고서 두 손으로 공손히 잔을 받았다. 다음 차례는 50대 후반의 늙수그레한 부장이었다. 그 역시 정중히 잔을 받아 고개까지 돌리고 마셨다. 결과는 보나마나였다. 회식자리에 모인 전원이 나이와 직위를 불문하고 무릎을 꿇고서 두 손으로 잔을 받는 장면이 연출되었다.

지금은 금전과 능력의 시대다. 이 두 가지가 없으면 어른 대접을 기대하기 힘들다. 부자는 세상의 권력자다. 서글프지만, 인정하지 않을 수 없는 현실이다.

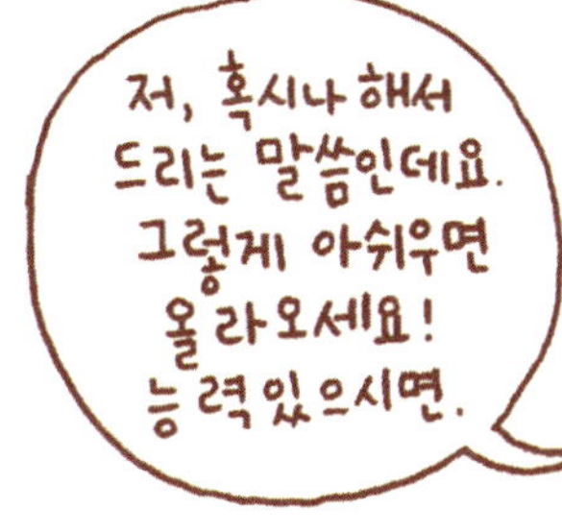
저, 혹시나 해서
드리는 말씀인데요.
그렇게 아쉬우면
올라오세요!
능력 있으시면.

09

돈과 연애하라

지갑을 열지 않고 생각해보라. 지갑 안에 얼마가 들어 있는지 정확하게 아는가. 현재 갖고 있는 통장의 잔액을 가늠해보라. 동전 하나까지 틀리지 않고 맞출 수 있을까. 이런 간단한 테스트로 당신에게 돈에 대한 감각이 있는지를 알 수 있다. 지금 당신에게 돈은 어떤 의미인지 곰곰이 생각해보자.

보통 사람에게 돈은 생활필수품 이상도 이하도 아니다. 돈이 없으면 물건도, 옷도, 음식도 살 수 없다. 버스를 타지도 영화를 보지도 못한다. 단지 그것들을 하려고 사람들은 돈을 벌 뿐이다.

그러나 부자들은 다르다. 그들은 돈을 소유하는 데 분명하고 다양한 목적이 있다. 또한 돈도 여러 가지 관점에서 해석한다. 어느 드라마에서 "돈은 여자와 같아서 사랑해주지 않으면 절대로 따르지 않아요"라는 대사를 듣고 웃은 적이 있다. 구겨진 돈을 다리미로 다리거나 돈 냄새에 취하는 것이 주인공의 즐거움이다. 그는 50억 원이 넘는 현금을 지닌 알부자로 나온다. 나는 주인공의 말에 깊이 공감했다. 돈은 사랑해야만 내게 다가오게 되어 있다.

우리는 돈에 대한 애정을 노골적으로 드러내는 것은 점잖지 못한 일이라고 배웠다. 돈 욕심을 직접적으로 드러내는 건 비난받아 마땅한 일로 취급했다. 옛이야기에 나오는 선비를 떠올려 보라. 아내와 자식은 쫄쫄 굶고 있는데 다 떨어진 갓을 쓰고 앉아 글만 읽지 않던가. 그것이 점잖하고 훌륭한 모습으로 인식되던 시절이 있었다. 돈에 욕심내는 것은 소인배나 장사치가 하는 일이었다. 그러니 사람들은 돈에 대한 열정은 뜨겁지만 마음속으로 짝사랑만 할 뿐이었다.

그러나 세상은 변했다. 이제는 돈에 대한 사랑을 마음껏 드러내도 된다. 돈이 없으면 살기 힘든 세상을 살아가기 때문이다. 이제는 '흥부 놀부' 이야기를 듣는 어린이들은 "놀부가 좋은 아버지이고, 흥부는 나쁜 아버지다. 왜냐하면 놀부는 욕을 먹으면서도 돈을 벌어 아내와 자식을 배불리 먹였다. 하지만 흥부는 자식들에게

밥 한 끼, 옷 한 벌 주지 못하는 무능한 가난뱅이 아버지였다"라고 말한다.

부자들은 돈을 사랑한다. 돈을 사랑하는 부자들은 하루 종일 돈만 생각하며 보낸다. 눈을 뜨고 있는 시간은 대부분 돈 생각만 한다. 연인을 떠올리듯이 돈을 떠올리며 싱글벙글 웃는다. 연인과 데이트를 상상하듯이 어떻게 하면 돈을 더 불릴 수 있을지 궁리한다.

보통 사람은 어떤가. 그들은 돈이 필요하다고 느낄 뿐 사랑하지는 않는다. 그래서 하루에 한 번도 돈에 대해 진지하게 생각하지 않는다. 기껏해야 돈이 없다고 투덜거리는 정도일까. 돈이 필요한 순간에만 돈을 생각한다. 이것이 부자와 보통 사람의 차이다. 돈을 바라보는 시각 자체가 다른 것이다. 부자의 시각에는 돈에 대한 사랑과 애정, 관심과 열정이 담뿍 담겨 있다. 그러나 보통 사람은 돈을 단순한 도구로 본다. 있으면 좋고 없으면 서운한 정도다.

부자학개론을 듣는 학생들에게 실제 부자를 만나 인터뷰하고 나서 느낀 점을 리포트로 쓰라고 하면, 대개 같은 결론을 낸다. 부자들의 지극한 돈 사랑 이야기가 그것이다. "나는 돈을 사랑해"라고 당당하게 말할 수 있는 사람만이 부자가 될 수 있다.

은행에 수십억 원을 저축하러 온 어느 부자가 월급쟁이에 지나지 않는 은행원에게 차비를 받아갔다는 이야기를 들은 적이 있다.

물론 그 대가로 뒤에서 욕을 잔뜩 먹었지만 나는 그를 이해한다.
사랑하는 자기 돈을 함부로 쓸 수 없어 남의 돈을 빼앗은 것이니
어쩔 것인가. 그토록 애절한 사랑인데.

10

돈은 최고의
동기유발 요인

🍎 아무리 표현해도 항상 2% 모자라는 것이 사랑이라고 했다. 현재 연애를 하지 못하는 사람에게는 배부른 소리로밖에 들리지 않을 테지만 부자에게도 2% 부족한 것이 있다. 도저히 채워지지 않는다는 목마름의 정체는 무엇일까? 부자들이 가장 원하는 것은 돈을 더 많이 버는 것이다. 남들이 갖지 못한 아흔여덟 개를 가진 부자이지만, 아직 소유하지 못한 두 개 때문에 끙끙 앓는다. 일반인이 보기에는 어처구니없어 보이지만, 실제로 부자의 삶은 나머지 2%를 향해 끊임없이 달린다.

이것을 단순히 '가진 자가 더 하다' 거나 '돈에 눈이 뒤집힌 사람들'이라고 비난할 일은 아니다. 부자가 돈에 열광하는 이유는 따로 있다. 돈이 세상을 움직이는 동기유발 요인(basic motivator)이라는 것을 잘 알기 때문이다. 그들은 돈의 위력을 보면서 성장했고, 돈의 위력을 알기에 열심히 돈을 벌었다. 이제는 돈의 위력을 너무나 잘 알기에 더 많은 돈을 추구하는 것이다.

심리학 이론에 보면 인간을 움직일 수 있는 최대의 동기유발 요인은 성취감이고, 그다음이 사회적 인정이며, 그다음이 금전적 안정성이라고 한다. 그러나 세상을 살면서 성취감을 느끼는 데 돈과 무관한 일은 거의 없지 않은가.

나는 돈이 성취감을 80~90% 이상 이끌어낸다고 생각한다. 두둑한 성과급을 받았을 때 뿌듯함이 배가되는 경험이 이를 증명해준다. 돈은 단순한 칭찬으로는 느낄 수 없는 성공의 쾌감을 더해준다. 그 돈의 액수가 크면 클수록 행복지수도 높아진다.

사회적인 인정도 돈이 90~95% 정도 만들어낸다. 연봉을 더 많이 받으면서 직장을 옮기면 자신이 대단한 사람이 된 것 같다. 자본주의 사회에서는 월급 인상폭이 그 사람의 존재 가치를 말해준다.

두말할 필요 없이, 금전적 안정성은 100% 돈이 만들어준다. 이처럼 돈과 성취감은 떼려야 뗄 수 없는 사이이다. 부모에게서 물려받았든 자수성가해서 벌었든 간에, 돈이 개인적인 성취감을 주고 사회적으로 인정받는 데 반드시 필요한 요소라는 사실을 누구나 잘 안다.

돈이 없으면 사회적으로 체면을 살릴 수도 없다는 것을 너무나 잘 아는 부자들이 가장 원하는 것은 무엇이겠는가. 바로 더 큰 성취감을 맛보기 위해 돈을 더 많이 벌어야겠다는 것이다. 돈은 일을 하면 돈을 벌고 돈을 벌어 성취감을 맛보면 또다시 일하게 하는 선순환 고리(money chain)를 만들어간다.

사람은 돈을 움직인다. 그리고 돈은 세상을 움직인다. 언젠가 세상을 움직이는 거대한 힘을 가지고 싶다면 더 큰 성취감을 찾아야 한다. 자신의 가치를 높이려는 건강한 욕심을 내는 사람만이 힘을 얻는다. 그리고 나머지 2%의 목마름을 채울 수 있다.

11

주식과의
백년해로

결혼식 주례사에서 절대 빠지지 않는 말이 있다. 기쁠 때나 슬플 때나 괴로울 때나 함께 하라, 믿음과 소망과 사랑 중에 으뜸은 사랑이다, 같은 말들. 수많은 결혼식장에 가보아도 주례사가 비슷한 걸 보면 사랑에 대한 충고란 결국 한 가지를 알려주는 듯하다. 검은 머리가 파뿌리 되도록 서로를 사랑하라는 것.

결혼은 연애와 다르다. 배우자를 자주 바꾸는 사람은 없을 것이다. 대부분 처음 결혼하여 맞아들인 사람과 죽을 때까지 같이 산다. 일생을 건 약속을 지키기 위해 서로 노력하는 것이다. 간혹 한눈을 팔아 자신만의 로맨스를 만드는 사람이 있긴 하지만, 그만한 대가를 치러야 함은 마땅하다. 배우자와 함께 살아야 사랑의 결실인 자녀가 성장하는 모습을 볼 수 있다. 이와 마찬가지로 주식도 일단 투자했으면 10년, 아니 그 이상 묻어두어야 돈이 된다.

그러나 불행하게도 일반인은 대부분 주식을 10년 이상 가지고 있지 못한다. 자본이 빠듯한 사람들이 빚을 내어 주식에 투자했으니 오래 지키기가 어려운 노릇이다. 장기투자는 부자 전문가들이나 하는 소리라고 생각한다.

그러나 내가 당신과 주식의 결혼식 주례를 맡는다면, 단호한 목소리로 한 마디만 하겠다. "검은 머리가 파뿌리 될 때까지, 주식과 백년해로 하십시오!"

주식투자는 기본적으로 회사에 내 돈을 대주는 것이 아닌가. 회사가 돈을 받아서 부가가치를 만드는 데는 상당한 기간이 걸린다. 몇 년에서 몇십 년 걸리는 것은 보통이다. 물론 실패하는 경우도 허다하다. 그러나 일단 상장되어 우량한 기업이라고 평가되면 수백만의 투자자들이 계속 돈을 댄다. 꿀맛을 본 개미들이 떼를 지어 몰려드는 모습을 상상해보라.

세월이 가면 대개 기업이 돈을 만든다. 기업은 주식투자자들의 돈을 떼먹는 것이 목적이 아니라 기업을 발전시켜 경영자와 종업원들이 기업의 이윤으로 더 많은 돈을 받는 것이 목적이므로 그들의 목적을 위해 열심히 일한다. 우량주에 투자해 10년 정도 묶어두면 돈이 된다는 말이 여기서 나온 것이다.

어느 목사님이 설교에서 이런 이야기를 들려주었다. 미국에서 한 부인이 일방적으로 이혼을 당했다. 정신을 차려보니 가족은 떠나고 위자료 수천 달러만 남아 있었다. 돈에 대한 욕심이 별로 없었던 그녀는 같은 교회에 다니는 증권회사 직원에게 어느 주식을 사는 게 좋을지 물어보았다. A 회사가 유망하다고 속삭이자 그녀는 있는 돈을 다 털어 그 회사 주식을 샀다. 그러고는 이런저런 일을 전전하면서 혼자 간신히 먹고살았다. 물론 자신의 돈을 주식에 투자했다는 사실은 잊지 않았다. 그러나 그것은 땅속에 묻어둔 김장독 같은 것이지, 당장 꺼내먹을 냉장고 속 인스턴트 식품이 아니었다.

수십 년이 흘렀다. 그녀는 더 일하기 어려울 정도로 나이를 먹었다. 이제는 주식에 투자했던 돈을 찾아 살아야겠다고 생각하고 주식을 처분하려고 보니, 세상에 이럴 수가. 회사는 그동안 엄청나게 성장해서 주가가 크게 올라 있었다. 처음 맡겼던 수천 달러가 수백만 달러로 뻥 튀겨져 있었다. 수천만 원이 수억 원으로 변한 것이다. 주식은 그녀에게 황금 알을 낳아주었다. 그녀는 주식을 처분한 뒤 많은 돈을 교회에 헌금하고 나머지로 편하게 생활하다

부자는 돈을 움직인다.
돈은 세상을 움직인다.
고로 부자는 세상을 움직이는 자다.
세상을 움직이고 싶은
꿈을 품고 있다면
돈을 움직이는 자가 되자.

가 떠나갔다는 것이 설교의 끝이었다.

3, 40대를 맞은 사람들이 찾아와 "교수님, 저는 이제 부자 되기 틀린 것 같습니다" 하면, 나는 그들에게 부자 되는 법을 가르쳐준다. 내 말을 듣고 끝까지 실천할 것 같은 사람에게는 지속적으로 관심을 가지고 계속 가르쳐주지만, 그렇지 않은 사람에게는 더 이상 가르쳐주지 않는다. 될 성싶은 떡잎을 가진 사람에게는 자녀 이름으로 주식을 사서 묻어두되, 주식이 있다는 사실만 자녀에게 이야기하라고 한다. 그리고 그 주식은 당신 것이 아니라 자녀 것이니 욕심내지 말라고 이른다. 이 말을 듣는 사람은 나중에 자녀가 어른이 되었을 때 결혼자금 때문에 걱정하지 않아도 되고, 사업자금을 대줄 필요도 없어질 것이다.

주식에 대하여 이야기했지만, 이것은 사랑에 대한 교훈과도 일맥상통한다. 모름지기 세상의 모든 사랑이 이래야 하지 않겠는가. 사람을 사랑하든, 자연을 사랑하든, 돈을 사랑하든 결론은 똑같다. 순간의 눈으로 보지 말고 미래의 시선으로 상대를 응시하라. 그리고 선택한 자를 일평생 사랑하라.

12
천만 원짜리 사랑

드라마보다 더한 것이 실제 삶이다. 실생활에서는 소설이나 연극보다 기막힌 일이 곧잘 벌어지기 때문이다. 살다 보면 가끔 믿기 어려운 이야기를 접하게 된다. 부자학을 연구하다 보니 부자들에 대한 말 못할 에피소드를 어지간히 알게 되었다. 그런 나에게도 꽤나 충격적이었던 철없는 사랑 이야기를 하려고 한다.

다혜는 눈에 띄게 예뻤다. 탤런트처럼 화려한 외모에 공부까지 잘해 일류대학에 들어갔다. 빵집에서 아르바이트를 하면 남학생들이 거의 모두 빵으로 점심을 때우고, 김밥집에서 일하면 남학생들이 김밥만 먹는다는 우스갯소리가 있을 정도로 인기가 좋았다.

그러나 미녀는 콧대가 높은 법이라 다혜는 아무에게나 곁을 주지 않았다.

그렇게 도도한 다혜를 사로잡은 사람은 정훈이라는 남학생이었다. 그가 꽤나 괜찮은 집안의 아들인 데다가 그 집이 부잣집이라는 것이 마음에 들었다. 다혜는 보통 여대생이 누리기 어려운 스포츠카 드라이브와 호텔 디너에 흠뻑 빠졌다. 그리고 자신이 특별하게 여겨졌다. 남자가 여자에게 아까운 줄 모르고 써대는 돈의 힘이 컸다. 주위에서는 환상의 커플이라며 시샘과 부러움을 아끼지 않았다.

이들의 달콤한 연애는 1년이 넘게 계속되었다. 그쯤 되니 슬슬 결혼 이야기가 오고 갔다. 정훈은 레스토랑을 통째로 빌려 프러포즈를 했다. 촛불이 와인 잔을 통과하며 영롱하게 빛났다. 정훈은 알렉산드리아트 보석 반지와 티아라를 선물해주었다. 그것은 오드리 헵번이 영화 「로마의 휴일」에서 썼을 법한, 여느 여자도 일생에 한 번 가져볼까 말까 한 왕관이었다. 눈부시게 빛나는 값비싼 보석, 감미로운 분위기, 사랑을 속삭이는 멋진 연인까지…. 다혜는 공주가 된 기분이었다. 황홀한 기분에 들떠 그의 청혼을 받아들였다.

그러나 행복은 거기까지였다. 다혜 혼자 여기저기 뛰어다니며 결혼 준비를 하는 와중에 정훈에게서는 연락이 점점 뜸해졌다. 불길한 마음에 수소문해보니 그가 재벌 딸과 연애한다는 소문이 들렸다. 어떻게든 만나려고 애쓰는 다혜와 어떻게든 피하려고 애쓰는 정훈이 숨바꼭질을 하다가 우연히 마주쳤다. 진실을 다그치는 다혜를 막으며 정훈은 이별을 통보했다. 이유도 달지 않고 변명도

하지 않았다. 너무도 차가워진 표정에 할 말을 잃은 다혜는 집으로 돌아와 눈물만 삼켰다. 눈앞에 닥친 현실을 도저히 믿을 수 없었다. 결혼한다고 알고 있는 가족과 친구들 얼굴을 어떻게 다시 볼 수 있을까, 사랑이 정말로 이렇게 쉽게 변하는 걸까 생각하며 정신을 차리지 못하고 울고 또 울었다.

한동안 집 밖으로 나오지 못하고 끙끙 앓던 다혜에게 반가운 연락이 왔다. 당장 만나자는 정훈의 전화였다. 반가운 마음에 벌떡 일어나 뭘 입고 나가나 고민하다가 아는 언니에게 고급 모피 코트까지 빌렸다. 화사하게 꾸미고 나간 다혜에게 정훈은 여전히 싸늘했다.

"이번에 공인회계사 시험에 붙었어. 나 곧 결혼해. 그래서 말인데, 지난번에 내가 준 알렉산드리아트와 티아라를 돌려줬으면 좋겠어."

하늘이 무너질 만큼 충격적인 말이었다. 집으로 돌아와 멍하니 보석들을 바라보았다. 혹시 그는 다른 여자에게도 똑같은 방법으로 접근했던 건 아니었을까. 이 보석을 받았다가 되돌려주는 여자가 자신이 처음이 아닐지도 모른다는 생각이 그녀를 괴롭혔다.

사랑보다는 보석에 눈이 멀었던 자신을 견딜 수 없었다. 며칠 동안 방문을 걸어 잠그고 생각하던 다혜는 정훈에게 보석을 돌려주었다. 그리고 간단하게 짐을 챙겨 그길로 가족 모르게 깊은 산중에 들어가 스님이 되었다.

이 이야기는 신문의 귀퉁이를 장식할 만큼 드라마틱하다. 그러나 그냥 지나칠 일만은 결코 아니다. 남의 이야기가 아닌, 나에게도 벌어질 수 있는 일이기 때문이다. 돈 앞에서는 사랑까지도 제 빛을 잃는다. 사람은 참으로 나약한 존재라 자신의 마음조차 단속하지 못한다.

돈의 힘은 막강해서 한 사람의 인생까지도 드라마처럼 바꿔버릴 수 있다. 누구나 자신의 삶이 해피엔딩이기를 바라지 않겠는가. 달콤한 사탕에 혀를 베일 수도 있고, 아름다운 장미 가시에 손을 찔릴지도 모르는 노릇이다.

현재의 작은 즐거움이 미래의 엄청난 고통으로 변할지도 모른다. 보석 따위에 눈멀지 않도록 마음을 단단히 여며야 한다. 내 사랑을 과연 돈으로 사고팔 수 있을지 한번쯤 자신에게 질문을 던져보자.

13
돈으로도 안 되는 일

김현근이라는 청년이 있다. 한국과학영재학교를 수석으로 졸업하고 프린스턴대학 수시 특차에 합격했다고 알려졌다. 나는 신문에서 그를 처음 보았는데, 한국인으로서는 보기 드물게 외국 대학에 합격했다니 대단하구나 싶었다. 그런데 정말 대단한 이유는 다른 것에 있었다. 그에게는 치맛바람 일으키는 호들갑스러운 부모도 없었고 과외나 학원 같은 강압적인 스케줄도 없었다. 오직 자신의 힘으로, 지식과 노력만 믿고 좋은 결과를 이뤄낸 것이다.

그는 IMF로 갑자기 어려워진 집안 형편상 사교육을 전혀 받을 수 없었다. 그러나 영재학교에 단 한 번의 과외도 받지 않고 합격하고, 지독한 노력으로 6개월 만에 선행학습의 차이를 극복했다고 한다. 그의 주변에는 부모님의 안락한 지원을 받으며 일류대학 출신 과외선생에게 족집게 수업을 받는 친구들이 잔뜩 있었을 것이다. 그런 친구들을 보며 자신의 처지를 비관하지는 않았을까. 아무 도움도 주지 못하고 알아서 하라고 떠미는 부모를 원망하지는 않았을까. 게다가 한창 예민한 사춘기 청소년이었으니 말이다.

"분명히 쉽게 공부할 수 있는 환경은 아니었습니다. 그러나 돌이켜 보면, 그때가 나를 담금질할 수 있는 시기였던 것 같아요. 내가 돈 많은 집안에서 태어나 아무 걱정 없이 공부할 수 있었다면, 결코 악착같은 오기나 승부근성을 가지지는 못했을 겁니다. 어려운 환경은 공부에 임하는 내 자세를 더욱 진지하게 만들었지요. 부족한 환경이었기 때문에 가질 수 있었던 '의지'와 부족한 형편임에도 놓지 않았던 부모님의 교육에 대한 열정과 철학이 흔들리지 않는 튼튼한 뿌리를 만들어주었습니다. 가난은 오히려 나를 채찍질해주었죠."

젊은 청년의 패기만만한 눈빛을 보며, 나는 전혀 다른 사례를 떠올렸다. 부잣집 아들 육재수 군의 이야기다.

수도권 도시 중심에 대입재수학원이 있었다. 선생님들이 열정적으로 관리하고 대학 합격률이 높아 학원은 성황리에 운영되었다.

학원에 입학하기 위해서는 까다로운 시험을 치러야 했다. 자그마치 50대 1의 경쟁률을 뚫어야 학원에 다닐 수 있었다. 대학 문보다 학원 문이 더 좁다는 원성이 자자했지만, 그만큼 신뢰도와 인기가 높았다.

육재수 군은 한 번도 진지하게 공부해본 적이 없었다. 벌써 세 번째 낙방의 고배를 마시고 다시 대입을 준비해야 했다. 부모님은 유명한 재수학원에 들어가라고 권했다. 이 재수생이 자신 없다고 하자, 어머니가 두 팔을 걷고 나섰다. 어머니는 아들 하나만큼은 반드시 대학에 보내야겠다는 열의에 차 학원에 찾아갔다.

"내 아들을 대학에 입학시켜 달라는 것도 아니고, 단지 학원에 다니게 해달라는 것뿐입니다."

어머니는 원장에게 1천만 원을 전달했다. 원장은 거절할 듯하다가 결국 돈의 유혹에 넘어가고 말았다. 결과는 어떠했을까. 그 학생은 대입 재수학원은 다녔지만, 대학에는 못 들어갔다. 그리고 부모님의 뜻대로 외국 유학길에 올라 파티와 술을 즐기는 생활에 푹 빠졌다고 한다. 대책 없는 부잣집 아들의 미래가 뻔히 보이지 않는가!

책상이 없어서 두꺼운 책을 쌓아놓고 공부했다는 어느 여학생은 원하는 대학에 수석 입학을 했다. 그러나 중학생 수준의 영어

부족함이
없었던 것이
실은 가장 큰
부족함이었을 테죠.

최고급 비료에
최첨단 관리 시스템과
하루도 거르지 않은
극진한 보살핌까지,
도대체 뭐가 부족해서
이 모양이야!

단어 하나 외우지 못하는 부잣집 딸은 아버지가 대학에 잔디를 깔아주고서야 간신히 야간대학에 다닐 수 있었다. 일련의 사건을 놓고 비교해보면 쓸쓸함을 느끼지 않을 수 없다. 인간에게 주어지는 환경이란 얼마나 불공평한가. 그러나 다시 생각해보자. 인간은 환경을 선택할 수 없지만, 환경은 사람을 바꾼다. 김현근이라는 학생이 부잣집 장남으로 태어났다면 저렇게 뜨거운 학구열과 불타는 패기를 가질 수 있었을까? 나는 그의 가난하고 궁핍한 환경이 그를 만들었다고 믿는다.

돈 많은 부자들은 뭐든지 가능하다고 생각할 것이다. 돈으로 사람의 마음도 움직이는데 그까짓 대학 합격은 대수롭지 않은 일이라고. 탄탄대로인 부자의 삶에 패기나 열정 따위가 뭐 중요하겠냐고. 그러나 사람을 사람답게 만드는 것은 무엇인가 다시 생각해보아야 한다. 부자에게도 불가능한 일은 분명히 있다.

14

기대재산 방정식

훌륭한 여행자에게는 나름대로 법칙이 있다. 그들은 새로운 길을 찾는 데에만 신경 쓰지 않는다. 가끔 한숨 돌리면서 자신이 걸어온 길을 되돌아본다.

부를 쌓아가는 일도 마찬가지 과정이 필요하다. 여기 자신이 현재 부자인지 아닌지, 부자의 길을 제대로 가고 있는지 옆길로 새고 있는지 판별할 수 있는 방정식이 있다. 부자는 상대적인 개념임을 명확히 하고 그 기준을 제시하기 위해 만든 모형이다. 자신의 현재 상태를 파악하는 데 아주 유용하다. 부자가 되는 길을 걷고 있는 여행자라면, 잠시 무거운 배낭을 내려놓고 방정식을 풀어보자. 가끔은 또 다른 목적을 향해 뛰어가는 일보다 지금껏 지나온 과정을 점검하는 일도 필요하다.

재산 기대치=나이×상속재산을 제외한 모든 연간소득÷10. 이것을 나이에 따른 기대재산 방정식이라 한다. 예를 들어 스물여섯 살의 신입사원 김씨의 연봉이 2천만 원이라면, 그의 재산 기대치는 26×2,000÷10 해서 5천2백만 원이다. 즉 스물여섯 살에 연봉 2천만 원을 받는 사람이라면 가지고 있는 현재의 부동산이나 은행 예금, 주식 등의 가치가 5천2백만 원이 되어야 평균수준이라는 말이다. 마흔 살인 박씨의 연봉이 4,600만 원이라면, 그의 재산 기대치는 1억 8,400만 원이고, 같은 나이에 연봉이 5천만 원인 최씨라면 그의 재산 평균수준은 2억 원이어야 한다.

나이에 따른 기대재산 방정식

재산 기대치=나이×상속재산을 제외한 모든 연간소득÷10

예) 연봉 3천만 원인 30세 남자

30(세)×3,000(만 원)÷10=9,000(만 원)

☞ 부동산, 예금, 주식 등을 합해 9천만 원은 보유해야 평균이다.

☞ 평균 기대재산의 3배 이상을 보유해야 부자다. 그러므로 남자는 2억 7천만 원 이상을 보유해야 부자가 될 수 있다.

그래
이제 시작일
뿐이야!
지금 걷고 있는 그 길이
당신이 도달하고자 하는
그곳을 향하고 있다면
어떠한 유혹에도 굴하지 말고
부지런히 걸어 나가세요.
그것이 가장 빠른 길입니다.

여기서 부자는 대체로 평균 기대재산의 세 배를 가진 사람이다. 토머스 스탠리의 통계에 따르면 그 연령대의 기대재산 분포도에서 상위 25% 안에 든 사람을 부자라고 말한다. 즉 위에서 든 서른 살 남자의 경우 2억 7천만 원 이상이 있어야 그 나이와 연봉에 비해 부자이고, 마흔 살 박씨의 경우는 5억 5,200만 원, 최씨의 경우는 6억 원을 가지고 있어야 부자다.

나의 기대재산은 얼마인지 방정식에 대입해 보기에 앞서 당부하고 싶은 말이 있다. 부자의 기준에는 절대적인 것이 없다. 이 부분에 대하여 대부분 대단히 착각을 한다. 절대적인 기준에 따르면 빌 게이츠 말고는 전 세계 사람이 전부 가난뱅이라는 결론이 나온다. 또한 5억 이하를 가진 사람은 부자가 아니라는 뜻도 된다. 한때 '서른다섯 살에 10억 벌기' 같은 것이 유행한 적이 있는데, 이런 식의 절대화된 개념은 사람들에게 스트레스만 줄 뿐이다. 자기 능력에 맞게 돈을 모아라. 그리고 근면하고 성실하게 일하라. 이것이 부자가 되는 지름길이다.

능력도 없으면서 엉뚱하게 몇백 억을 모으겠다고 생각하면 위험하다. 그러면 자칫 잘못된 길로 들어서기 쉽다. 그동안 열심히 모은 돈을 투기해서 한 탕 하겠다고 설치다가 패가망신하는 일도 종종 있다. 내가 만나본 부자들은 하나같이 근면하고 또 근면한 사람들이었다. 자나 깨나 어떻게 하면 일해서 돈을 모을까 생각하지, 어디에 투자해서 한 탕 할 수 있을까 고민하지 않는다. 부자가 투기로 큰돈을 벌었다는 말은 믿지 마라. 대개 근면하게 모아서 장기간 묻어둘 생각으로 사놓은 땅이 세월이 흐르면서 크게 올라간 것이다. 지금 하는 일에 열중하는 것이 최선이다.

여행하는 와중에는 갖가지 유혹에 시달리게 마련이다. 지름길을 찾아 남들보다 빨리 도착하고 싶은 마음을 모르는 것은 아니다. 부자가 되는 여행은 멀고도 고단한 길이다. 여기에 왕도는 없다. 편법도 통하지 않는다. 운동화 끈을 질끈 묶고, 한 걸음 한 걸음 착실하게 걸어가는 것이 가장 빠른 방법이다.

15

부자의 심장이 오랫동안
편안하게 뛰는 길

바람둥이들이 늙어서 드러누웠을 때 가장 생각나는 여인이 과연 누구일까? 그동안 생을 즐겁게 해주었던 수십 명의 아리따운 여인들이 생각나는 것이 아니다. 오로지 두 여인이 생각난다. 하나는 오랜 기간 같이 고생하면서 살았던(혹시 편하게 살았을 수도 있는) 조강지처다. 이제는 쭈글쭈글해졌지만 그래도 나와 오랜 기간 같이 산 마누라가 가장 먼저 생각난다. 또 생각나는 여인은 내 유혹에 넘어가지 않은 여인이다. 2천만 원짜리 수입목걸이에도 넘어가지 않은 여인이 생각난다. 그러나 100만 원짜리 정장을 받는 대가로 입맞춤을 선물하던 예쁜 여인을 바람둥이는 금방 잊는다.

바람둥이가 찾아다닌 것은 예쁜 여인의 얼굴과 몸이 아니라 허전한 마음을 달래주는 여성이었다. 여성의 몸 자체를 좋아하는 남자는 프로 바람둥이가 아니다.

아마추어 부자는 간혹 돈 자체를 탐닉할 수 있다. 매일 벌어들이는 만 원짜리와 천 원짜리 몇백 장을 다리미로 곱게 다려서 이불 밑에 깔고 자거나 생선 감는 새끼줄로 돈을 줄줄 감아서 부엌 뒤에 모셔놓는 사람은 돈 자체를 좋아할지도 모른다.

그러나 프로 부자는 돈 자체보다는 돈이 가져다주는 혜택에 더 관심을 둔다. 냄새나는 돈을 좋아하는 사람은 진정한 부자의 반열에 들지 못한다. 내가 지금 돈을 가지고 있지 않더라도 마음만 먹으면 돈을 움직일 수 있다는 사실만으로 부자는 행복을 만끽한다.

진정한 부자는 돈으로 마음을 사지만, 아마추어 부자는 돈으로 껍데기뿐인 기쁨을 산다. 돈은 영원하지 않다. 내 돈이라고 정해진 것이 원래 없어서 단지 세상에서 빌려 쓰는 것일 뿐이다.

음식점을 해서 돈을 벌었다면 음식점을 방문해준 사람들이 전부 나에게 돈을 거두어준 것이다. 한 번 책을 쓰면 수십만 권이 팔리는 유명작가는 일 년에 책만 서너 권 쓰면 바로 부자가 된다. 그 사람은 수십만 아니 백만 명 이상의 독자가 인세를 그 사람 통장에 입금해주어서 부자가 된 것이다.

돈이 뭐 중요한가요?
돈으로 할 수 있는 일들이
중요한 것이지요.
돈이라는 건 돌고돌면서
꼭 필요한 곳을 찾아가야지
비로소 제 값어치를 하는 게
아니겠어요?

부자가 되는 부자의 근원(source of wealth)은 나 자신에게 있는 것이 아니고, 내가 만든 것에 탐을 내는 사람들에게 있다.

당신이 숨을 쉬는 것은 이 세상을 만든 신이 당신에게 베풀어준 은혜 덕분이며, 당신이 이 땅에 발을 딛고 설 수 있는 것은 대한민국이 당신에게 준 혜택 덕분이다. 또한 당신이 밥을 먹을 수 있는 것은 당신의 직장이 제공해준 혜택 덕분이며, 당신이 부자라고 사람들이 이야기하는 것은 당신에게 돈을 준 수많은 대한민국 사람들의 고마움 덕분이다.

어차피 내 돈이 아닌 바에야 돈에 바동거릴 필요 없이 눈에 띄는 불우이웃에게 직접 송금하라. 어차피 죽을 때 가져갈 것도 아닌데 당신이 믿는 신에게 놀려드려라. 어차피 내 뒤에 남을 텐네 당신을 키워준 대한민국에 바쳐라. 그것이 당신 심장이 오랫동안 편안하게 뛸 수 있는 길이다.

16

돈 쓰는 일이
왜 괴로운가

 '만약 내게 백만 원이 생긴다면?'

어느 초등학생의 일기 제목이었다. 재미있어서 물어보니 선생님이 상상해서 일기 써오기를 숙제로 내주었다고 했다. 그런데 너무 힘들어서 못하겠다고 떼를 썼다. 뭐가 힘드냐고 물었더니, 백만 원이라는 돈을 본 적도 없는데 어떻게 다 쓰느냐는 것이었다. 한 달 용돈이 5천 원이라는 아이에게 백만 원은 상상하기 힘든 엄청난 금액이었다. 아빠에게 10만 원짜리 양복, 엄마에게 20만 원짜리 보석반지를 사주고 제 장난감을 잔뜩 사도 돈이 너무 많이 남는단다. 귀엽게도 한숨까지 푹 쉬었다.

지나치게 돈이 많아도 즐겁지 않다는 진리를 아이도 깨달은 모양이었다.

나대박 씨는 어려서부터 지긋지긋하게 고생하며 자랐다. 그래서 조금씩 모아둔 돈으로 고향에 땅을 샀다. 늘그막에 내려가 농사나 짓고 살 생각이었다. 그런데 생각지도 않게 땅값이 어마어마하게 오르는 놀라운 일이 생겼다. 그는 생전 보지도 못한 큰돈을 벌었다. 놀라운 삶의 반전이었다. 그동안 궁핍했던 기억을 떨치고 싶었던 그는 돈을 한 번 신나게 써보자고 마음먹었다.

나씨는 혼자서 강남의 최고급 술집에 갔다. 그리고 호기롭게도 당장 가게 문을 닫으라고 소리쳤다. 가장 비싼 양주를 시키고 종업원이 몇 명이냐고 묻고는 모두 불렀다. 그리고 그늘과 같이 술을 마셨다. 밴드가 달려와 음악을 연주하고 미녀들이 시중을 들었다. 오직 한 사람을 위해 웨이터들은 안주를 대령했다.

마침내 계산할 시간이 왔다. 술이 한참 취한 그는 마담이 가져온 계산서를 들여다보았다. 2천만 원이 조금 넘는 액수가 적혀 있었다. 2억 원도 아닌 2천만 원. 평생 처음 배포 좋게 혼자서 술집을 전세 내 마신 술값이 2천만 원밖에 안 되었다. 나씨는 돈 쓰는 것도 쉽지 않다는 생각에 쓴웃음을 흘렸다. 설명하기 어려운 허탈감에 기운이 빠졌다. 가슴에 뻥 뚫린 구멍으로 찬바람이 지나갔다.

사랑이 나눌수록 커지듯이
돈도 제대로 잘 쓰면 당신의 삶은
훨씬 더 풍요로워질 것입니다.

가난한 집에서 태어났지만 자수성가한 부자 문성수 씨는 어떤가. 누구의 도움도 없이 혼자 힘으로 돈을 불리다 보니 걱정이 많아졌다. 돈에는 친구도 형제도 마누라도 없다는 생각에 모든 돈 관리를 직접 챙겨야 했다. 적금 들고, 빌딩 사고, 남의 이름으로 투자도 하면서 관리했다. 돈 사용처가 열 군데가 넘어가니 항상 머리가 아팠다.

'지난달에 투자한 돈은 요새 괜찮은가? 며칠 전에 계약한 빌딩은? 내가 아끼는 여직원의 오빠 명의로 맡긴 투자금은 안전할까? 마누라가 생활비를 빼돌려서 혹시 다른 남자와 쓰는 것은 아닐까? 상하이에 사둔 땅은 안전할까?' 그는 이런 고민을 하며 하루를 보냈다.

유럽 대도시에 혼자 사는 부자가 있었다. 이 부자는 돈 버는 일 외에 별다른 취미가 없었다. 사람을 믿지 못해 연애도 하지 않아 가족도 없었고, 당연히 친구도 없었다. 돈과 단둘이 집에 있는 그에게 위로가 되는 것은 담배뿐이었다. 그는 지독한 골초였다.

나이가 들수록 그는 초조해졌다. 이 많은 돈을 다 쓰지 못하고 죽을 것 같았기 때문이다. 죽은 뒤에 이웃들이 돈을 훔쳐갈 거라 생각하면 불안해서 잠도 오지 않았다. 하지만 아무래도 혼자 쓰기에는 돈이 너무 많았다. 스트레스를 받던 그는 돈 쓰는 방법 찾기에 골몰했다.

마침내 그가 생각해낸 방법은 엉뚱하기 그지없었다. 담배를 돈으로 말아 피우는 것이다. 그는 돈을 수북하게 쌓아두고, 담배와 함께 말아 피워댔다. 다른 사람이 보았다면 입이 떡 벌어졌을 광경이었다. 그러나 돈이 어찌나 많았던지 아무리 피워도 재산이 줄어들지 않았다. 더욱 불안해진 그는 더 큰 고액권으로 담배를 피웠다. 그래도 재산은 축나지 않았다. 오히려 건강만 나빠지고 죽음이 더 가까이 다가올 뿐이었다.

초조해진 그는 쌓아두었던 돈을 벽난로에 집어넣었다. 활활 타오르는 돈다발을 보면서 그는 어떤 생각을 했을까.

소설 『크리스마스 캐럴』에 나오는 스크루지 영감을 알 것이다. 크리스마스에도 쉬지 않고 일하며 돈 세는 일에만 열정적인 그는 차갑고 냉정한 사람이다. 스크루지는 구두쇠의 대명사가 되어버렸다. 성실하고 부지런한 일꾼이면서 마을에서 최고 부자인 스크루지는 너무도 불쌍한 사람이었다. 그에게 돈이 많다는 건 오히려 불행한 일이었다. 사람들은 행복해지기 위해 돈을 벌지만, 그는 돈 때문에 오히려 불행한 삶을 살아야 했다.

크리스마스 날 밤, 스크루지 영감은 유령을 만난다. 유령은 그에게 어린 시절 춥고 배고팠던 기억, 가게 견습생 시절에 주인아저

씨 덕분에 즐거운 크리스마스를 보냈던 기억 그리고 점점 돈만 밝히는 사람이 되어가는 자신의 모습과 함께 돈의 노예가 되어 비참하게 죽은 뒤 차가운 무덤 속에 누운 그를 보여주었다. 스크루지 영감은 비로소 깨달았다. 주위 사람들이 얼마나 소중한지, 그리고 돈보다 더 귀한 것이 있다는 사실을.

이 땅의 부자 중에는 스크루지 같은 사람이 많다. 사람들은 그를 구두쇠라고 흉보지만 정작 그는 돈을 아끼는 사람이 아니다. 사랑을 아끼는 사람이다. 돈은 삶을 편리하게 해주지만 감정을 삭막하게 만든다. 사랑을 절약할 필요는 없다. 나는 사랑만큼 이자가 많이 붙어 되돌아오는 넉넉한 투자를 보지 못했다.

돈 쓰는 일이 왜 괴로운가. 돈을 써야 할 때를 잘 모르기 때문에 괴로운 것이다. 사람들과 나누는 맛을 알게 되면, 돈 쓰는 일은 세상에서 가장 행복한 일이 될 것이다.

300억 원대 재산가인 어느 부자 노인이 생의 마지막 순간을 맞았다.

유산에 눈독을 들이는 식구들이 모두 모여들었다. 노인이 뭐라고 유언을 남길지 궁금했다.

부자 노인은 숨을 몰아쉬면서 간신히 입을 열었다.

"불 꺼라."

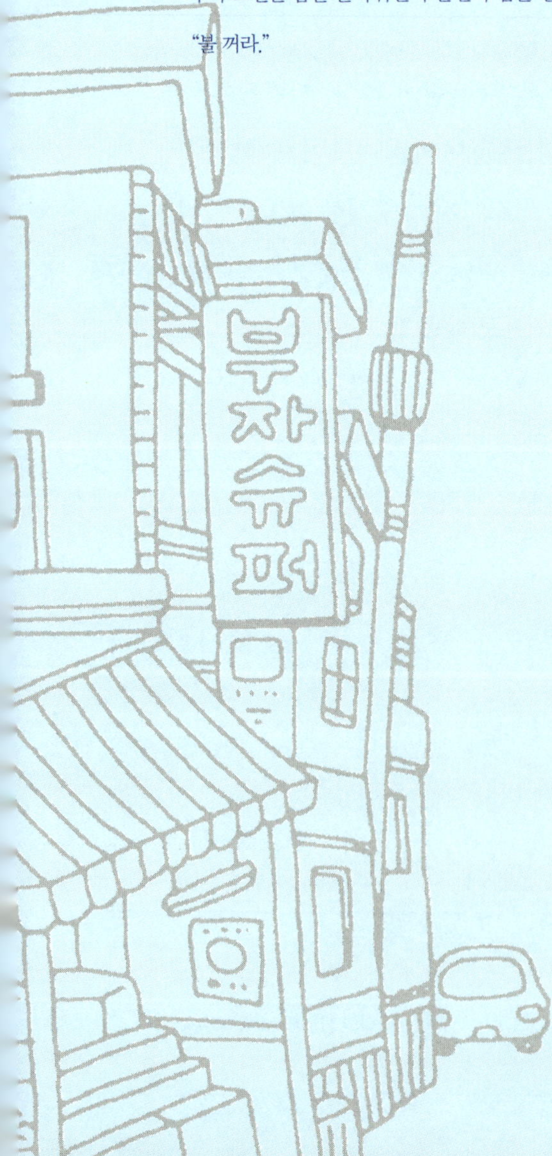

천태만상 부자생활백서

고집쟁이
강남 사모님

부자는 어떤 사람일까. 직접 만나보지 않고는 상상하기 어려울 것이다. 가진 게 많으니 무척 거만하거나 벼락부자가 되었으니 무식하거나 둘 중 하나일 거라고 말하는 사람도 있다. 그러나 내가 만난 부자들은 대부분 원칙주의자였다. 다른 사람보다 성공했으니 자존심이 무척 강하다. 그리고 대부분 자신이 세운 원칙을 그대로 지키려고 하는 외골수이자 고집불통이다.

"불필요한 것은 절대 사지 않는다. 그러나 꼭 필요한 것은 산다"라고 나름의 기준을 정하면 반드시 이를 지킨다. 택시기사가 거스름돈 백 원을 주지 않으면 다툼을 벌여서라도 받아낸다. 반면 보약

짓는 데는 몇백만 원이 넘는 돈도 아낌없이 투자한다. 두 번 다시 보지 않을 택시기사에게는 백 원도 아까우나, 자신에게 투자하수 백만 원은 결코 아까워하지 않는다.

내가 아는 강남 부자 사모님 강귀자 여사 역시 철저한 원칙주의 자다. 자신의 욕구를 충족시키기 위해 엄청나게 노력하고 인내하는 사람이다. 어떤 때는 인간미가 떨어지는 차갑고 냉정한 사람으로 보이기도 한다. 그러나 그녀의 삶을 찬찬히 지켜보면 깊은 감동이 일렁인다. 주름 가득한 얼굴에 예쁘게 생긴 데라곤 없지만 아름다운 사람이라고 느껴진다.

강 여사의 부모님은 북한에서 월남했다. 자식들에게 가난을 물려주지 않으려고 부지런히 일했던 아버지의 영향으로 강 여사는 어려서부터 알뜰살뜰 사는 법을 눈으로 배우며 자랐다. 부모님은 후에 부동산을 몇 채 가지게 되었고, 무남독녀인 강 여사가 이를 물려받았다.

결혼한 뒤에도 부동산을 직접 챙겼다. 여자 몸으로 직접 관리하기는 쉽지 않았으나 당차고 야무진 그녀는 오히려 재산을 불리는 수완까지 발휘했다.

친정 부모를 모시고 살며 남편과 아들딸까지 정성스럽게 챙기면서도 직접 세입자를 관리했다. 환경개선부담금을 걷거나 정화

혼자 사는 세상이
아니잖아요.
내가 이만큼 가질 수
있었던 것도 실은
그만큼 누군가가 베풀었기
때문이 아닐까요?
그래서 저도 얻은 만큼
돌려드리고 싶어요.

조 청소 같은 자질구레한 일까지도 자신이 맡았다. 빈 점포를 채워 넣는 부동산 소개소 일도 마다하지 않았다. 대한민국 전체 부자 가운데 약 35%가 산다는 부자특별구인 강남구에 아파트와 빌딩을 소유하고 있으면서도 강 여사는 재산관리인을 한 명도 두지 않고 직접 관리했다.

세입자들만 수십 명이 넘어서 이들을 한 사람 한 사람 상대하는 일이 여간 힘들지 않았다. 불경기에는 월세를 10~20만 원씩 깎아주는 센스를 발휘하기도 했다. 그녀의 빌딩은 빈 점포 없이 꽉꽉 들어찼으며 세입자와의 관계도 좋았다. 중간관리자가 아닌 건물 주인이 직접 관리한다는 사실이 세입자들에게 믿음을 준 것이다. 집주인이랍시고 거들먹거리는 사람늘이 많은데 청소하고 세금 걷는 자질구레한 일까지 직접 챙기는 그녀의 모습은 특별하게 보였다.

여자 혼자 무슨 힘으로 그 많은 일을 어떻게 하느냐고 물어본 적이 있다. 강 여사는 가족을 돌봐야 한다는 사명감 하나로 살아왔다고 대답했다. 정작 자신의 생활은 수수하고 소박하기 그지없었다. 옷차림도 사치스럽지 않았고, 얼굴에는 화장기 하나 없었다. 나는 강 여사와 대화를 나누면서 원칙을 지키는 그녀의 삶에 고개를 끄덕일 수밖에 없었다.

물론 그녀에게도 고비는 있었다. 3천만 원 정도이던 월세 수입금이 IMF 때는 2,500만 원 정도로 줄어들었다. 그러자 그녀는 생활비뿐만 아니라 여러 가지 지출을 될 수 있는 대로 줄여서 손실금을 보전했다. 한 달에 500만 원 정도 덜 들어온다고 당장 큰일 날 일도 아니지 않느냐고 슬쩍 떠보았지만, 그녀는 생긋 웃으며 말했다.

"저는 얼마를 모아야겠다고 마음먹으면 다른 걸 다 줄여서라도 꼭 목표액을 달성하고 맙니다. 포기하고 싶었던 적은 단 한 번도 없었어요."

씩씩하게 대답하는 그녀가 남자인 나보다 더 듬직해 보였다.

솔직하게 말하면 강 여사의 재산 불리기 방식은 고전적이고 구태의연하다. 그녀는 전형적이고 소극적인 방식으로 재테크를 한다. 남편 월급으로 생활하고, 빌딩 임대료는 고스란히 저축한다. 돈이 쌓이면 인근 상가를 분양받고, 그게 다시 쌓이면 또 빌딩을 인수하는 식이다. 무리하게 대출을 받아 빌딩을 구입하거나 주식을 사지 않는다. 정보력을 동원해서 분양권을 따고, 머리를 써서 되파는 일도 체질상 맞지 않는다고 한다. 불려나가는 재미가 쏠쏠하지, 한꺼번에 왕창 목돈이 들어오면 왠지 내 돈 같지 않아서 별 재미가 없단다. 현재 수백 억대 재산의 뿌리가 된 강남역 부근 대형 빌딩은 원래 가족이 살던 집이었다. 아파트로 이사 가면서 집을 허물고 다시 지어 지금의 대형 빌딩이 되었다. 그녀의 재산은 마법

으로 순식간에 벌어들인 것이 아니라, 차곡차곡 일궈온 일상 속에
서 쌓은 것이었다.

가끔 텔레비전 드라마에 등장하는 강남 부자 사모님의 모습은
어떤가. 밍크 코트를 휘감고 실내에서도 선글라스를 끼며, 기사를
대동하고 쇼핑을 다닌다. 사교 모임에서 최고급 와인을 즐기며 명
품에 죽고 못 산다.

그러나 강 여사는 그들과는 거리가 멀어도 한참 멀다. 모임이라
고는 교회 신도들과 만나는 정도뿐, 골프나 여행, 쇼핑도 좋아하
지 않는다. 즐거움이라면 가족을 위해 살림을 장만하는 정도다.
그녀에게 미국 부자들은 굶주리는 아프리카 어린이들에게 수백만
달러를 쾌척한다는 이야기를 해주었다. 그러자 그녀는 "저도 아는
분 소개로 몇 군데에 제가 정한 액수를 매달 보내드립니다" 하고
귀띔했다. 그러나 어디 가서 자랑할 만큼은 아니라며 손을 내저었
다. 세상에서 얻은 만큼 돌려주는 일도 잊지 않는 그녀가 더욱 아
름다워 보였다.

그녀를 만나고 돌아오는 내내 마음이 푸근했다. 우리가 흔히 알
고 있는 강남 부자 사모님이 아니라 진정 아름다운 강남 부자 사모
님이 있다는 사실이 무엇보다 가장 기뻤다.

엑스파일
사기꾼이 부자가 된다?

부자가 되려면 때로는 눈속임도 필요하다. 정직하게 부자가 되기는 쉽지 않기 때문이다. 인정하긴 싫지만 그것이 진실이다. 부자가 되는 길이 모두 긍정적이거나 바람직한 것은 아니다. 깊숙이 들여다보면 부정적인 요소가 더 많을 수도 있다. 다른 사람을 속여서 개운치 않은 이득을 취해 부자가 된 사람도 있다. 나쁘게 표현하면 '사기꾼'이 부자가 되는 일도 적지 않다는 것이다.

이 주제를 다룰지 말지 고민을 많이 했다. 옳지 않은 방법으로 부자가 된 사람들을 소개하는 일이 선뜻 내키지 않았다. 하지만 도덕 선생이 아니라 부자학 선생인 바에야 개인적인 잣대로 이들을 판단할 수는 없다. 이 책에서는 부자들의 다양한 모습을 보여주고 싶다. 판단은 책을 읽는 독자의 몫이라 생각한다.

서울 강북에 사는 변덕구 씨는 3, 4개월마다 사업자 등록을 새로 한다. 주변에서는 '신규 사업자 등록에 관한 한 세계기록 보유자'라는 우스갯소리도 한다. 변씨의 독특한 재산 불리기 방법을 듣고 처음에는 입을 다물지 못했다.

한 가지 예를 들면 이렇다. 변씨는 신축 건물의 1층을 임대했다. 그리고 그 자리에 슈퍼마켓을 개업하기로 했다. 슈퍼마켓은 보통 지하에 있는데, 이유는 마진이 보통 15~20%밖에 되지 않아 임대료가 저렴한 곳을 찾기 때문이다.

변씨는 보증금 1억 원에 월 임대료 100만 원을 내고 50평짜리 슈퍼마켓을 열었다. 그리고 라면, 분유, 휴지 같은 생필품을 근처의 경쟁 슈퍼보다 10% 정도 싸게 팔았다. 개점 첫날에는 축하행사로 4만 5천 원짜리 쌀 20킬로그램을 3만 5천 원에 팔았다. 지나가는 할머니를 불러들이면서 "어머님, 반갑습니다" "감사합니다, 또 오세요"를 연발했다. 개점 행사와 엄청난 세일로 슈퍼마켓은 사람들로 바글바글했다.

보름 후에 변씨는 처음에 세운 계획을 실행했다. 그는 아무도 모르게 부동산에 가서 비행기 티켓을 슬쩍 보여주며 말했다.

"브라질에 이민 간 동생이 어머니를 모시고 있거든요. 어머님이 위독하다고 연락이 왔네요. 당장 비행기를 타야 하는 처지가 됐어요. 한창 장사가 잘 되는데 아쉽지만…."

변씨의 가게는 퇴직금을 싸들고 부동산 중개업소를 기웃대는 중년 퇴직자에게는 더없이 좋은 유혹거리였다. 이들은 손님들로 북적이는 슈퍼마켓의 매력에 빠져들었다. 눈앞에서 하루 수백 만 원 넘게 매출이 나는 것을 봤으니 더 미룰 것도 없었다. 당장 계약서를 쓰고 현금을 내놓았다. 하지만 실상은 어떠한가. 비록 하루 매출은 몇백만 원에 육박하지만, 순이익은 오히려 마이너스 몇십만 원이 나는 '거품 슈퍼마켓'이었다.

어수룩한 사람이 권리금으로 5천만 원을 제시하자, 변씨는 너무 싸다고 투덜대며 마지못해 넘기는 시늉을 했다. 하지만 그 순간 개점 행사와 세일로 손해를 본 1,500만 원을 제하고도 3천5백만 원이 바로 변씨 주머니로 들어갔다. 그는 이 방면의 프로인 것이다.

변씨는 이와 같은 방식으로 슈퍼마켓 넘기기, 목욕탕 넘기기, 술집 넘기기를 10여 차례나 해치웠다. 목욕탕 넘기기는 '무료 목욕권'을 남발하여 손님을 끌어들였고, 술집 넘기기는 아름다운 마담을 이용해 손님을 꼬이게 한 다음 넘기는 수법을 썼다. 이렇게

가게 넘기기를 해서 그는 10억 원이 훨씬 넘는 돈
을 벌었다.

　그렇게 모은 돈을 아파트와 빌딩을 매
입하는 데 투자했다. 여기서 끝나
는 것이 아니다. 그는 적당한 순
간에 아파트와 빌딩을 되팔아
더 큰 이익을 챙겼다. 현
금으로 50억 이상이 모
이자 '이제는 어느 정도
되었으니 그만두자'고
마음먹었다. 하지만 그

것도 마음뿐이었다. 한번 재미를 보았는데 손을 털기가 어디 그리 쉬운가. 지금도 가끔 왕년의 실력을 발휘해서 '추억의 점포 넘기기'를 한다고 고백했다.

박강남 씨도 역시 가게 넘기기의 달인이다. 하지만 그의 방식은 약간 색다르다. 그는 가게를 종업원에게 넘겼다. 조그만 점포를 열고 종업원을 세 명 정도 고용한 후, 일하는 모습을 관찰했다. 그 가운데 부지런한 종업원을 점찍어 열심히 훈련시켰다.

가게가 어느 정도 돌아가면 자신은 새로운 가게를 물색했다. 그리고 이 가게는 미리 보아 둔 성실한 종업원에서 넘기면서 대신 물건대금을 받았다. 물론 돈이 없는 종업원에게는 외상까지 해주었다. 일단 소유권을 자신이 가지고 있다가 종업원이 돈을 모두 갚으면 완전히 넘겨주는 방식을 택했다.

박씨는 이와 같은 방식으로 점포를 열어 키운 뒤 종업원에게 넘기고 다시 더 큰 점포를 여는 일을 반복했다. 안전하게 키운 권리금과 더불어 물건값에 이윤을 붙여서 이득을 챙기는 것이다. 물론 점포를 넘겨받은 종업원도 사장이 될 수 있으니 서로 좋기는 한데 꼭 그렇지만은 않다. 경우에 따라서는 가게에 팔리지 않은 물건이 쌓일 수도 있기 때문이다. 바로 이것이 박씨의 경제 논리다. 그렇지만 이럴 때에도 실망하지 않았다. 돈 버는 데 귀신같은 재주가 있는 그는 눈속임 수법으로 위기를 극복했다.

박씨는 팔리지 않은 물건의 매입 가격을 종업원들에게 절대로 노출하지 않았다. 이는 자신이 직접 도매상에게 결제하면 가능한 일이다. 종업원으로서는 창고에 쌓여 있는 물건값이 얼마인지도 모른 채 어쨌든 가게는 잘 운영되니까 선뜻 인수하는 경우도 있다.

이렇게 되면 거의 팔리지 않는 물건까지 종업원에게 넘겨서 세 배 이상 이득을 챙길 수 있다. 제법 재산을 모았고 업계에서 명성도 쌓은 박씨인지라 더 큰 욕심은 부리지 말자고 자신을 다독이지만, 여전히 '종업원에게 넘기기' 는 계속했다.

이런 것은 충격적인 일이지만 우리 주변에서 분명히 일어나는 일이다. 나른 사람을 파멸시켜 이득을 얻어내려는 경우에는 변씨나 박씨 같은 일을 저지르게 된다. 술자리에서 "교수님, 제가 나쁜 놈입니다"라며 푸념인지 반성인지 모를 하소연을 쏟아내는 부자들을 만나면 가슴이 답답하다. 그렇다고 그들을 나무라거나 탓할 수는 없는 노릇이다. 단지 간절하게 기원할 뿐이다. 착한 사람들이 부자들의 눈속임에 빠지는 일이 없기를, 부자들이 더는 사람들을 속이지 않고 자신들의 삶을 영위하기를.

19
일석이조
부자 부부의 힘

₩ 어느 국영기업체에서 부자학 강의를 하던 날의 일이다. 열심히 강의를 듣던 직원들이 끈질기게 부자 되는 법을 캐물었다.

사모님 중에 직장 다니시는 분이 몇 분이나 됩니까, 하고 물었더니 거의 없었다. 부자 되는 첫째 방법은 부인을 일하게 하는 것이라고 하니 피식 웃을 뿐이다. 세계적인 부자가 되는 첫 단계가 복수 수입원을 만드는 것(making multiple income sources)이라고 설명했으나 효과가 없었다. 우리 집사람은 몸이 약해서, 아이 공부 시키느라고, 교회 봉사 활동하느라고…. 핑계도 갖가지였다.

혼자서는 할 수 없는 일도 둘이라면 얼마든지 해낼 수 있다. 그래서인지 부자들 중에는 부부가 많다. 서로 협조하고 신뢰하며 노력한 결과가 재산으로 돌아온 경우다.

집 안에 현금을 10억 원 이상 쌓아둔 성태부라는 부자를 만난 적이 있다. 그에게 부자 된 비결을 묻자, '전부 아내 덕분'이라고 말했다. 무슨 사연이 있는 것일까. 궁금한 마음에 더 자세한 이야기를 물었다.

"부끄럽지만 저는 고작 초등학교밖에 나오지 못했습니다. 어릴 적에는 집안이 무척 가난했거든요. 공부보다는 돈벌이가 더 급했지요. 못 배운 제가 할 수 있는 일이란 막노동뿐이었어요. 집사람은 고등학교를 나와 회사에 다니던 여자였습니다. 참하고 예쁜 여자가 가난하고 무식한 놈에게 시집 와 주었으니 얼마나 고미운 일입니까. 말 그대로 물 한 그릇 떠놓고 결혼식을 올리고, 사랑 하나를 혼수 삼아 시작했지요. 우리는 신혼 시절에 배추 넣고 끓인 선짓국만 먹었답니다. 그게 값이 싸고 양도 푸짐하거든요. 맛도 형편없고 냄새도 역하지만 함께 먹으니 진수성찬이 따로 없었어요. 앞으로 돈 많이 벌어서 비싼 소고기만 먹여 주겠노라 큰소리 쳤지만, 십년 동안 아내는 그 국만 먹어야 했습니다. 오랜 세월을 불평 한 마디 없이 참아줬던 아내 덕분에 오늘날 내가 헬스 센터와 빌딩 두채, 아파트 세 채를 갖게 된 겁니다."

부인 이야기가 나오자 말을 더듬던 그의 눈에 눈물이 고였다.
나 역시 가슴이 뭉클해 아무 말도 할 수가 없었다.

"한창 가난하던 시절에 자식을 저 세상에 먼저 보냈습니다….
제대로 먹이지도, 입히지도 못했어요. 아파 죽겠다는데 병원에 데
려갈 돈이 없었지요…. 아내와 제게는 평생 가슴에 지고 갈 아픔입

GOAL

니다. 그래서 더 악착같이 돈을 벌겠다고 작정했어요. 30년 동안
이나 저와 함께 공사장에서 못을 고르고 시멘트 포대를 날라준 아
내는 천사입니다.” 그에게는 늙고 주름진 아내가 통장이나 주식보
다 더 큰 재산이었다.

오늘 스무 쌍의 남녀가 결혼식을 올렸다고 생각해보자. 30년 후
에는 이중에서 몇 쌍이나 부자가 될 수 있을까. 아쉽게도 단 한 쌍
뿐이다. 나머지 열아홉 쌍은 가난하거나 평범하게 살아간다.

50억 재산가의 한 사모님은 한때 생리대 살 돈이 없어 광목천을
끊어다 썼다고 한다. 천을 삶아 빨아 사용하는 게 고되어 편리한
일회용 생리대를 사서 쓰는 게 소원이었다. 그러나 절대적으로 남
편을 믿고 내조한 결과, 부부 부자가 탄생했다. 열여덟 시간씩 택
시를 모느라 방광염에 걸린 남편이 벌어온 돈을 부동산에 투자한
주부는 훗날 아파트 십여 채를 가진 부자가 되었다. 그들은 옛이야
기 하듯 웃으며 힘들었던 시절을 털어놓았다. 이미 그것은 고통이
아니라 추억으로 변했다.

혼자 모아서는 부자가 될 수 없다. 남편이 벌어오는 돈을 아내가
낭비한다면 부부 부자는 이루어지지 못한다. 아내가 알뜰살뜰 아끼
는 돈을 남편이 다 써버린다면 그들이 어떻게 부자가 될 수 있겠는
가. 함께 벌고 같이 아끼며 서로 노력하여야 한다. 이것이 바로 플

러스 시너지 효과다. 둘이 합해져 더욱 큰 효과가 나타나는 것이다.

좋은 결과를 얻기 위해서는 나보다 상대방을 먼저 이해하는 자세가 기본이 되어야 한다. 또 필요한 것은 믿음이다. 남편이 바람을 피우는 것 같다는 의심이 들면, 그 일에 집착하지 말고 도리어 콩나물값을 더 깎아라. 부인이 자녀의 사교육비를 쓸데없이 많이 쓴다고 투덜대고 싶으면 차라리 야근을 해 수당을 벌어라. 서로를 이해하고 신뢰한다면 부부는 어떤 어려움도 이겨낸다.

둘이 같이 벌면 남보다 훨씬 빨리 부자가 될 수 있어서 좋지만, 그 과정에서 고생하는 서로를 보며 애정이 쌓이니 더욱 좋다. 함께 만든 재산이니 더욱 소중하고, 힘든 길을 같이 걸어준 사람이니 세상에서 가장 큰 보물이 아닐 수 없다.

우리 부부도 부자가 될 수 있다. 부부 부자가 되고 싶다면 처음 결혼할 때의 마음으로 돌아가야 한다. 그때 우리는 얼마나 간절하게 서로를 사랑했던가. 상대방에게 더 근사한 집과 여유로운 환경을 주고 싶은 열망은 얼마나 뜨거웠던가. 맛있는 음식과 예쁜 옷을 주고 싶은 욕심에 더 부지런히 일하고 열심히 노력했었다. 첫 마음을 되찾는다면, 부부 부자가 되는 첫발을 디딘 셈이다.

20

엉뚱한 부자들
그들에겐 뭔가 이상한 것이 있다

 "부자를 직접 만나면 어떤가요?"

"잘난 척하거나 거만 떨지 않나요?"

사람들에게 이런 질문을 많이 받는다. 그들이 어떤 상상을 펼쳐 놓든 나는 그저 웃음으로 대신한다. 내가 만난 부자들은 하나같이 독특하고 특이했다. 부자들에게는 보통 사람과 상당히 다른 이상한 구석이 있다. 부자의 관점에서 보면 정상이지만, 일반인의 관점에서 보면 부자들은 이해하기 힘든 이상한 행동을 일삼는다.

개중에는 현실감각이 전혀 없는 부자들도 있다. 어느 부자가 아들의 과외선생을 모셨다. 과외비가 20만 원이라고 하자 부자는 이

맛살을 찌푸렸다. 그리고 10%만 깎아달라고 졸랐다. 과외선생은 과외비를 깎는 사람은 처음 보았지만, 어쩔 수 없이 고개를 끄덕였다. 그제야 부자는 만족한 얼굴을 했다.

한 달쯤 지나고 과외선생은 통장을 확인해 보았다. 액수를 본 그는 깜짝 놀랐다. 18만 원이 한 달 내내 입금된 것이 아닌가. 다음 날 이유를 물어보니 부자는 오히려 "과외비가 일당 18만 원이 아니었나"라고 되물었다. 과외선생이 어이가 없어 한 달치가 18만 원이라고 하자 부자는 껄껄 웃었다. 이 부자는 과외비가 하루치인지, 한 달치인지 몰랐던 것이다.

대기업의 CEO를 지내고 퇴직한 어느 기업가의 이야기도 재미있다. 퇴직금만 10억 원 넘게 받은 그는 그룹에서 건설한 아파트도 한 채 챙겼다. 이 부자는 수십 년 동안 회사에 다니면서 모든 잡다한 일은 회사에서 처리해준 탓에 스스로 할 수 있는 것이 별로 없었다.

어느 날 외출한 그는 버스를 타게 되었다. 그런데 막상 눈앞에 다가온 버스 앞에서 그는 난감했다. 버스 문이 앞에도 있고 뒤에도 있으니 어디로 타야 할지 몰랐던 것이다. 집에다 전화를 걸어 물어보려고 했으나 전화번호를 몰랐다. 이제까지 비서가 연결해주었으니 알 턱이 없었다.

할 수 없이 버스 타는 사람들을 관찰했다. 가만히 보니 전부 앞으로 타기에 그도 따라 올라탔다. 그런데 요금 내는 방법을 몰랐다. 사람들이 지갑이나 가방을 단말기에 갖다 대는 걸 본 부자는 무릎을 쳤다. ‘이거다!’ 그도 지갑을 꺼내 운전기사에게 슬쩍 보여주고는 자리에 앉았다. 운전기사가 버스비를 내라고 하자 그는 다른 사람들과 똑같이 지갑을 보여주지 않았느냐고 우겼다. 기사는 물론 버스 안에 있는 사람들은 어이가 없었다. 아주 오랜만에 버스를 탄 부자가 겪은 결코 웃을 수만은 없는 소동이었다.

어느 벼락부자는 최고급 외제차를 샀다. 시가 1억 원이 넘는 차를 타보니 국산차와 비할 바가 아니었다. 무엇보다 그 차는 소음이 전혀 없었다. 외부에서 들려오는 경적 소리나 시끄러운 잡음을 전부 차단해주었다. 요란한 세상 속에 자신만 따로 떨어진 기분이 들었다.

‘비싼 것이 좋긴 좋구나’ 하고 흡족하게 운전하던 그는 어느 날 고속도로로 나가게 되었다. 창문을 살짝 열고 달렸더니 바람 소리가 심하게 들렸다. 이 벼락부자는 당장 차를 갓길에 세웠다. 그리고 차 세일즈맨에게 전화를 걸어 대뜸 “이봐, 창문을 여니까 바람 소리가 시끄러워. 바람 소리 안 나는 차는 얼마야?”라고 했단다. 그야말로 돈이면 뭐든 안 되는 게 없다고 믿는 졸부의 특성을 보여주는 해프닝이었다.

　이 부자들의 이야기를 단순한 우스갯거리로 삼을 수도 있으나,
나는 그들을 이해하는 데 도움이 될 거라는 생각이 든다. 부자들과
친밀한 관계를 맺으려면 그들의 행동을 관찰하고 이해해야 한다.
먼저 부자를 알아야 부자가 될 수 있기 때문이다.

21

부자들도
생활고에 시달린다

₩ 어느 날, 호텔 앞에 고급 승용차가 들어와 섰다. 직원이 뛰어나와 문을 열었으나 차 주인은 나오지 않았다. 한참 기다려도 꼼짝하지 않고 그대로 앉아 있었다. 이 광경을 본 호텔 매니저가 뛰어나와 "야, 빨리 카펫 깔아!" 하고 소리쳤다. 직원이 허겁지겁 카펫을 자가용 뒷문에서 호텔 입구까지 쭉 깔았다. 그제야 차 주인이 천천히 발을 내디뎠다. 왜 그랬을까?

차 주인인 부자 아가씨가 신은 신발은 이탈리아에서 직수입한 구두였다. 문제는 그 구두가 너무 가냘프고 연약하다는 것이다. 몇백 그램도 안 되는 솜털 같은 구두는 신었다는 느낌도 들지 않는 명품이었다. 이 구두는 너무 섬세해서 호텔의 대리석 바닥을 밟으면 바로 너덜너덜해진다. 이 구두를 신고는 오로지 카펫 위에서만 우아하게 걸어야 한다고 알려져 있다.

한 부자가 고급 술집에 가서 호기롭게 양주를 시켜 마셨다. 계산서에는 얼마나 찍혀 나왔을까? 보통 발렌타인 30년산이 몇백만 원 정도로 알려져 있다. 서울 강남의 최고급 술집에서도 1천만 원을 넘지 않는다. 그런데 이날 부자가 마신 술은 한 잔에 300만 원, 한 병에 8천만 원짜리였다.

또 다른 부자는 자동차를 좋아했다. 전 세계에 여섯 대뿐인 자동차를 수입해 소유했다. 10년 전에 천만 달러를 주고 산 것이다. 요새 돈으로 치면 얼마일까. 자동차 한 대에 100억 원이 넘는다. 더욱더 기막힌 사실은 이 차가 중고차라는 것이다.

부자들이 소비하는 모습을 언뜻 보면 한숨이 절로 나온다. 돈이 많으니 펑펑 써대는구나, 하는 곱지 않은 말이 튀어나올 수밖에 없다. 하지만 자세히 살펴보면, 돈 많은 부자도 쓰는 건 별로 없네 하며 고개를 끄덕이게 될 것이다.

텔레비전이 만들어낸 허구의 부자를 보고 사람들은 부자를 오해한다. 하지만 정말로 카드의 마그네틱선이 닳을 정도로 물건을 사대는 부자는 대한민국에 5천 명이 채 되지 않는다. 부자들의 소비행태는 대부분 우리와 다를 것이 없다. 다만 극소수가 워낙 요란 법석을 떨기 때문에 유난스러워 보일 뿐이다.

하늘하늘한 명품 구두를 신는 사람은 국내에 세 명 정도 있을 뿐이다. 8천만 원짜리 양주를 마시는 사람은 단 한 명, 100억 원짜리 자동차를 모으는 사람도 한 명뿐이다. 다시 말해서 보통 사람의 눈과 귀를 의심하게 하는 아주 특별한 제품은 아무리 많아야 열 개도 수입되지 않는다는 뜻이다.

　　현금 50억 원 이상을 예금한 사람은 현재 국내에 5천 명 내외로 알려져 있다. 현금 백억 원 이상을 가진 사람은 수백 명 정도다. 물론 강남의 어느 부자가 집에만 현금 80억을 쌓아둔 걸 보았다는 금융기관 종사자의 이야기도 들었다. 그러나 이렇게 대단한 부자들도 희한한 제품을 볼 기회는 별로 없다. 아니, 대다수는 알지도 못한다. 그렇다면 대부분 부자들의 소비는 어떨까.

　　강남에 고급 아파트 두 채와 빌딩 세 채가 있고 그 밖에도 금융자산이 꽤 되는 고금자 사모님의 소원은 소박하다. 백화점에서 수백만 원짜리 화장품 세트를 한꺼번에 사보는 것이다. 사모님의 생활비는 한 달에 4천만 원 내외라고 한다. 다시 말해서 일 년 생활비가 약 5억 원인 셈이다. 그런데 그깟 화장품 세트 정도에 벌벌 떤다는 게 말이 안 된다고 생각할 것이다. 하지만 이 사모님의 푸념은 길게 이어진다.

　　"한 달 생활비가 4천만 원이면 뭐 해요. 운전기사, 도우미 월급 줘야죠. 미국에 유학 간 아들, 미술대학에 가겠다고 재수하는 딸의 교육비, 남편한테 들어가는 돈도 만만치 않아요. 생활비도 잡다하게 얼마나 많이 드는데요. 내가 직접 현금을 만질 수 있는 돈은 500만 원도 안 돼요. 그런데 내가 어

떻게 나를 위해 수백만 원짜리 화장품 세트를 살 수 있겠어요.”

물론 이런 말을 보통 사람이 들으면 마음이 상할 것이다. 복에 겨운 소리라는 비난도 할 것이다. 하지만 다시 생각해보자. 부자들은 나름대로 생활방식이 있다. 개미와 코끼리는 먹는 양이 다르지 않은가. 자기 기준에서 그들도 나름대로 생활고에 시달린다.

현재 강남구에는 약 40만 명이 산다. 대한민국 부자 가운데 35% 정도가 강남구에 거주한다. 대한민국 특별구에 사는 부자들의 한 달 생활비는 얼마나 될까. 거의 대부분 1,500만 원에서 5천만 원 이하다. 월 생활비가 1,500만 원이라면 보통 사람이 생각하기에는 엄청난 액수지만 그들로서는 외제차 굴리기도 벅차다. 너무나 힘에 겨운 생활고의 연속인 것이다.

한 달 생활비가 5천만 원인 가정은 어떨까? 그 집도 사정은 마찬가지다. 한 가정에 다섯 대 정도의 고급 외제차를 굴린다. 그러면 월 생활비 5천만 원으로도 헉헉대기 일쑤다. 현금서비스로 2천만 원을 당겨쓰기도 한다. 다음 달에 비싼 이자를 낼 생각을 하면 속이 쓰리지만 할 수 없는 것이 부잣집의 체면이고, 또 실상이다.

텔레비전에 나오듯 화려한 신데렐라는 대한민국에 거의 없다. 한국의 부자는 대부분 일반인에 비해 여유 있게 쓰는 수준이거나, 그나마도 헐떡이며 백화점 세일만 기다리는 사람들이다. 부자들을 세밀히 관찰하면 부자이어도 별난 것이 없구나 하고 느끼게 될 것이다.

미국에는 총재산을 천만 달러(약 백억 원) 이상 소유한 사람이 40만 명이 훨씬 넘는다. 우리나라의 경우 총재산 백억 원 이상 소유자는 만 명도 되지 않는다. 재산을 백억 원 이상 갖고 있으면서도 버스로 출퇴근하는 할아버지, 3천 원짜리 국밥만 고집하는 중년의 아저씨가 강남구에 살고 있다.

30억 원짜리 진주가 국내에 들어왔다고 야단법석이 난 적이 있다. 그렇지만 아무리 많이 팔려야 1년에 두 개가 채 안 팔린다. 1,900만 원짜리 수제양복을 러시아 부자와 대구의 거부가 사갔다는 사실이 사람늘의 입에 오르내렸다. 하지만 그 두 벌이 그해에 팔린 전부였다는 사실을 일반인은 잘 모른다. 실제 대부분의 부자들은 대단하지 않다. 일반인이 돼지갈비를 먹을 때 부자는 소갈비를 먹는 정도랄까. 부자에 대한 환상이 아니라 실상을 보아야 한다. 그들도 우리와 다를 것이 별로 없다는 사실을 알아야 한다.

22

가족경영으로 판 키우기
부자복제의 힘

₩ 내가 가르쳤던 한 여학생에게 재미있는 이야기를 들었다. 이 여학생이 학원 선생으로 아르바이트를 하게 되었다. 원장은 중년의 여인이었다. 평범해 보이는 여자가 어떻게 건물 주인이며 큰 학원의 사장이 되었을까 궁금해진 여학생은 주의 깊게 학원을 관찰했다. 정답은 가까이에 있었다. 학원 차량을 운전하는 운행실장은 원장의 남편이었다. 수학과 영어, 역사를 가르치는 선생 셋은 원장의 아들딸이었다. 특별히 외부에서 초빙했다던 강사는 원장의 사촌동생이었다. 그 밖에도 학원에 일하러 오는 사람들이 죄다 원장과 혈연관계에 있었다.

부자가 되기 위해 노력하여 어느 정도 돈을 모았다면, 그다음은 시선을 넓혀야 하는 단계다. 남편, 아내, 동생, 처남, 자녀들에게 자신이 하는 일을 확대해야 한다. 부자가 되는 두 번째 길은 가족이 모여서 함께하는 것이다.

유럽의 전통적인 부자 가문은 거의 가족경영을 통해 부자가 되었다. 세계적인 명품을 생산해서 성공한 프랑스와 이탈리아의 부자 가문 역시 가족경영을 통해 부를 축적했다. 우리나라에도 이와 같은 가족경영 사례가 곳곳에 있다.

성북동에 사는 김남도 사장은 가게 수입으로 사채놀이를 해서 부자가 되었다. 그는 애써 키운 가게가 어느 정도 자리를 잡자 이 가게를 부인에게 맡겼다. 장사 경험이 전혀 없이 집에서 살림만 하던 부인은 졸지에 끌려나와 어리둥절해했다. 부인이 가게 일을 소홀히 하자 김 사장은 "제대로 하지 않으면 이혼당할 줄 알아" 하는 협박도 마다하지 않았다. 부인은 남편의 성격을 잘 아는지라 눈물을 머금고 사업에 뛰어들 수밖에 없었다. 김 사장은 본격적인 사채놀이에 나섰다. 돈이 돈을 낳는다는 생각이 그의 철학이었다.

사업이 번창해서 일손이 달리자 김 사장은 형제들과 처가 식구들을 적극 활용하기로 했다. 그래서 먼저 누이동생 부부를 불러들였다.

"내가 돈을 대줄 테니까 가게를 맡아. 올케 언니가 하는 걸 보고 그대로 따라하면 돼."

동생 부부는 엄명에 따라 마지못해 가게를 떠맡았다. 그러나 하기 싫었던 이 일이 의외로 짭짤한 재미를 가져다주었다.

점포가 여러 개 있어야 규모의 이익이 생긴다는 사실을 깨달은 김 사장은 처남과 처삼촌까지 끌어들였다. 자신도 사채놀이를 하는 틈틈이 가게를 운영해 모두 다섯 개로 늘려놓았다. 김 사장은 이내 준재벌 수준에 올랐다. 매월 들어오는 현금만 3억 원이 넘었다. 이 돈을 적절하게 부인과 친인척에게 나누어주고 모든 비용을 제해도 한 달에 7~8천만 원이 김 사장 몫이 되었다.

김 사장은 여기서 만족하지 않았다. '맡길 만한 가족이 없으면, 가족을 만들면 된다'는 게 그의 생각이었다.

그는 부지런한 직원을 골라 가게 돈을 조금씩 맡겼다. 인간성을 떠보는 데에는 돈이 최고라는 생각에 그는 직원을 시험했다. 날카로운 눈썰미로 골라낸 직원에게 현금 1천만 원을 쥐어주며 물건을 사오라고 했다. 물론 돈만 가지고 그대로 줄행랑을 친 직원도 있었다. 제대로 된 식구를 만나기 위해서는 그 정도 손해쯤은 감수해야 했다. 반면에 영수증까지 정확히 챙겨오는 직원도 있었다. 그는 곧 김 사장의 가족이 되었다.

내 일!
돈은 자신을 위해 일할 때
가장 많이 들어온다.
가족 경영의 힘!
내 일!
내 일!
모
내 일!
차 남
내 일!
부
며느리
장 남

그는 가족과 다름없는 직원 식구를 늘려나갔고, 그만큼 가게도 늘어났다. 가게 수가 열 개가 넘어서자 김 사장의 현금 동원력은 50억 원에 달했다.

이처럼 조그만 가게라도 가족과 함께 넓히는 것은 부자가 되는 가장 확실한 방법이다. 그러나 많은 이들은 '나 홀로 부자'에서 그치고 만다. 그다음으로는 도약하지 못한다. 그 이유는 자신과 마인드가 비슷한 '부자 복제'에 실패하기 때문이다.

절대적으로 나를 믿고 따르며, 나와 생사고락을 함께할 동지로는 가족이 최고다. 그들은 단지 돈 몇 푼 때문에 배신하지는 않는다. 자수성가한 부자가 창업자가 되고 가족이 창업자의 일을 그대로 복제한다. 그러면 엄청난 힘이 생긴다.

가족경영이 성공할 수 있는 기본적인 이유는 무엇일까. 부자 창업자의 마인드가 거의 그대로 심어지기 때문이다. 삼성그룹이 대한민국 건국 이래 가장 강한 그룹이 된 것은, 창업자의 말 한마디가 바로 전 조직에 심어졌기 때문이다. 삼성그룹은 대표적인 주식회사 형태를 갖추고 있다. 그러나 처음에는 조그마한 자영업으로 시작했다. 이것을 창업자의 가족이 다함께 같은 목표를 향해 나아가면서 탄탄한 그룹으로 일궜다.

부자 사례를 분석하면서 절실하게 느낀 점이 한 가지 있다. 돈은 자신을 위해 일할 때 가장 많이 들어온다는 것이다. 이것을 미국의 경영학 책에서는 시장 논리에 따라 자기를 헌신하는 과정이라고 표현한다.

국내의 수많은 가족 경영인들은 창업자 말대로 자기 일처럼 일했기 때문에 성공할 수 있었다. 부자가 되려면 가족과 함께 일하라. 가족이 없다면, 가족과 같은 직원을 복제하라. 돈을 심은 자리에서 돈이 나는 게 아니다. 사람을 심어라. 사람을 심은 자리에서 돈이 난다.

짠돌이 부자들

₩ 그리스 신화에 등장하는 야누스는 한 몸에 두 얼굴을 가진 신이다. 말 그대로 '두 얼굴의 사나이' 다.

로버트 스티븐슨이 쓴 『지킬 박사와 하이드』에도 야누스적 성향을 보이는 주인공이 나온다. 유식하고 인자한 의사 지킬 박사가 자신이 발명한 약을 먹으면 하이드라는 악한으로 변하여 밤거리를 돌아다닌다.

야누스는 인간의 이중성을 적나라하게 보여준다. 인간은 선악(善惡)의 이중적인 모습을 다 가지고 있다. 세상에는 완벽한 선인이나 완전한 악인은 존재하지 않는다. 고상한 것과 천박한 것, 고귀

한 것과 더러운 것은 다르면서 또 하나이기도 하다.

부자들 역시 야누스다. 그들은 보이는 것과 다른 얼굴이 하나 더 있는 사람들이다. 그렇기 때문에 밤과 낮이 다른 부자들의 얼굴을 보면 깜짝 놀라게 된다.

강남에는 현대백화점 본점에서 2억 원짜리 목걸이를 현금으로 살 수 있는 부자 사모님들이 몇백 명 정도 살고 있다. 30대 초반의 어느 숙녀는 여러 분야의 유명 인사를 초청해 리츠칼튼 호텔에서 생일파티를 하는데, 1억 원 정도 비용이 든다. 신인 여배우에게 수억을 호가하는 빨간 스포츠카를 선물하는 청년도 있다. 이것이 국내 금융기관에 현금을 50억 원 이상 맡긴 5천 명 정도의 부자들이 벌이는 행태다. 흥청망청 써대니 참으로 아니꼬운 광경이 아닐 수 없다.

BMW를 몰고 가던 한 부잣집 아들이 택시를 살짝 긁는 접촉사고를 냈다. 택시기사가 항의하자 그는 귀찮다는 듯 수표를 던져주었다. 택시기사가 얼떨결에 수표를 받아들자 그는 차에서 내리지도 않고 떠나버렸다. 저녁이 되어 택시기사는 기사식당에서 소주 한 잔과 식사를 하고 수표를 내밀었다. 주인이 이상한 눈으로 쳐다보기에 확인해보니, 십만 원짜리겠지 하고 생각한 수표는 백만 원짜리였다.

"부잣집 아들놈은 백만 원을 십만 원처럼 써대는구나. 부잣집 인간들은 온갖 비싼 것을 턱턱 사대고, 부잣집 자식들은 돈을 물 쓰듯 써대고…"

기사식당 문을 열고 나온 택시기사는 하늘을 보면서 한숨을 푹 내쉬었다.

그렇다면 모든 부자가 이처럼 살아갈까? 절대 그렇지 않다. 이들과 다르게 소금보다 더 짠 부자들도 많다. 대치동에 살면서 강남역에 대형 빌딩을 가지고 있는 부잣집 사모님은 화장실에 갈 때 남편에게 먼저 물어본다.

"여보, 화장실 갈 일 있어요?"

남편은 고개를 끄덕이고 먼저 볼일을 본다. 그리고 절대 변기 물을 내리지 않는다. 그제야 부인이 화장실에 들어가 사용하고 한꺼번에 물을 내린다. 둘이 같이 사용한 후에야 변기 물을 내리듯 언제나 절약정신이 투철하다.

300억 원대 재산가인 어느 부자 노인이 생의 마지막 순간을 맞았다. 유산에 눈독을 들이는 식구들이 모두 모여들었다. 노인이 뭐라고 유언을 남길지 궁금해했다. 부자 노인은 숨을 몰아쉬면서 간신히 입을 열었다.

"불 꺼라."

　세상을 하직하면서 전기세 아끼라고 훈계한 것이 노인의 마지막 말이다.

　부자의 두 얼굴은 사실 동전의 양면에 지나지 않는다. 철저한 소비의 주체인 동시에 뛰어난 절제 절약의 귀신이다. 지킬 박사와 하이드처럼 영원히 서로 만나지 못하지만 그래도 하나다. 부자의 한 면만이 아니라 앞과 뒤, 전과 후, 겉과 속을 볼 수 있어야 한다.

부자 3대 못 간다

부자는 자신을 철저하게 단속하는 사람이다. 부자들의 뛰어난 자기 절제 능력에 대해 나는 존경심마저 느낀다. 그들의 삶을 바라보며 부자가 될 수밖에 없는 이유를 찾는다. 그들은 부자로 타고난 것이 아니라 부자로 만들어졌다. 보통 사람이 쉽사리 무너지는 유혹 앞에서도 부자는 흔들림이 없다. 부자는 돈에 대해서만큼은 사랑과 정열, 인내와 노력을 아끼지 않는다. 게다가 돈이 많을수록 절약하는 모습은 많은 사람의 귀감이 된다. 그러나 세상에는 언제나 예외가 있다. 돈에 대한 현실감각이 현저히 떨어지는, 부자답지 않은 부자도 있게 마련이다.

　내가 이야기하려는 심재벌 씨는 30대의 젊은 남자로 재벌 3세다. 태어날 때부터 부잣집 아들이었던 그는 돈 걱정 없이 자랐다. 어려서부터 돈은 항상 집에 있는 것이고, 굳이 애쓰지 않아도 손에 쥐어지는 것이었다. 별다른 일을 하지 않았지만 현재 자신의 이름으로 되어 있는 주식이 수천억 원어치 있다.

　그런데 이 재벌 3세에게도 비밀은 있다. 그는 신용카드 현금서비스의 주요 이용자였다. 남들의 눈을 피해 현금인출기로 가 마그네틱이 닳도록 카드를 긁어댄다. 그리고 얼마간의 현금을 지갑에 넣고서야 안심한다. 그 돈을 펑펑 써대고, 다시 서비스를 받는다. 남들은 재벌 손자이고 앞으로 대그룹을 이어나갈 사람이라고 부러워하지만, 실상은 카드 결제일이 돌아오면 오금이 저리고, 매월 날아오는 신용카드 고지서만 보면 정신이 멍해진다.

　"도대체 왜 이렇게 현금서비스 이자가 비싼 거야?"

　고지서를 박박 구겨버리곤 화가 나서 신용카드사에 항의를 해봐도 소용없는 노릇이다. 현금서비스 이자율은 비싼 것이 아니라는 설명이 앵무새처럼 반복될 뿐이다. 결국 그가 선택한 것은 돌려막기. A카드에서 현금을 인출해 B카드를 막는 식이다. 다시 C카드 결제일에 맞추어 D카드를 긁어대고, 그러다 보면 A카드도 막아야 한다. 이런 얄팍한 수법이 오래 갈 리 없다. 이 재벌 3세는 왜

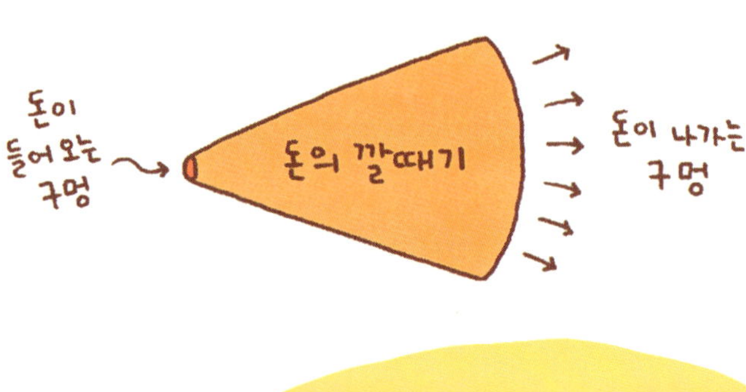

돈이
들어오는
구멍
돈의 깔때기
돈이 나가는
구멍

가난한 사람
가난뱅이
일반인
조금 부자
.....
많이 부자
깔때기의
구조를 아예
바꿔 버림

수천억 원의 재산가인데도 매월 현금서비스를 서민들보다도 더 많이 이용하는 걸까?

이유는 단 한 가지다. 앞으로 10여 개가 넘는 거대한 그룹을 움직일 사람이지만 현금서비스 때문에 쩔쩔매는 이유는 '엄마가 용돈을 한 달에 2천만 원밖에 주지 않기 때문' 이다. '엄마는 재산이 나보다 더 많은데도 그것밖에 주지 않으니 용돈이 항상 부족하다. 그러니 신용카드로 비싼 이자 물면서 열심히 돈만 빌리는 것' 이라고 털어놓았다. 그는 곧 신용불량자가 될 지경이라고 한다. 아마 지금 이 글을 쓰는 순간에도 그는 부지런히 카드를 긁고 있을지도 모른다.

나는 그와 같은 사람들을 '철없는 부자' 라고 일컫는다. 이 말에는 주의할 점이 있는데, 언젠가는 '철없는' 만 남고 '부자' 라는 말은 사라질 수도 있다.

전 세계에 부자는 몇 명이나 될까? 약 8백만~9백만 명 정도가 있

다고 한다. 70억 인구 중에서 0.1%가 부자인 셈이다. 부자들의 숫자가 결코 많지 않지만, 이들이 전부 부자 대접을 받지는 못한다. 유럽에서는 4대까지(약 100년) 가야 부자로 친다. 돈이 많고 적음이 문제가 아니라 사회적인 영향력까지 갖추고 사회 주류에 포함돼야 진정한 부자로 인정한다는 것이다. 물질적인 요소 외에 정신적인 풍요와 자기 훈련, 절제까지 갖춰졌을 때 비로소 부자라고 인정받을 수 있다는 얘기다.

우리나라에는 '부자 3대 못 간다'는 속담이 있다. 돈을 벌기도 힘들지만, 그보다 더 힘든 것은 갖고 있는 돈을 지키는 일이다.

25

내일은 당신도 부자

누구나 마음속에 자를 가지고 있어 그 잣대로 세상을 판단하고 사람들을 비판한다. 그러나 개인적으로 만든 기준은 편협하기 이를 데 없다. 자신에게 물어보자. 나는 어떤 잣대로 돈을 재고 있는가. 사람들은 돈을 좋아하면서도, 재물을 밝히는 것처럼 보일까봐 드러내기를 두려워한다. 돈 따위에 관심 없는 듯 보이는 것이 멋있다고 생각한다. 그러나 그들 역시 돈에 울고 웃는 평범한 사람일 뿐이다. 이 잣대로 부자를 보면서 돈이나 밝히는 속물이라고 흉보는 것은 옳지 않다.

내가 부자학개론 강의를 시작할 때만 해도 여론의 시선은 곱지 않았다. 지성의 전당에서까지 부자를 들먹여야 하느냐는 비난이 뒤따랐다. 그러나 나는 끝까지 고집을 피우고 싶었다. 이제 우리 사회도 부자 개념을 제대로 짚어볼 필요가 있다고 생각했기 때문이다. 나는 당당한 부자, 존경받는 부자가 더 많이 생겨야 사회가 발전한다고 믿는다. 그러기 위해서는 부자가 어떤 사람인지 이해해야 한다.

나를 힘들게 한 것은, 사회에서 부자를 보는 선입견과 편견이었다. 사회에서는 부자를 아예 다른 인종으로 여기고, 그들이 분명히 옳지 않은 방법으로 돈을 모았을 거라고 수군대며, 거만하고 지

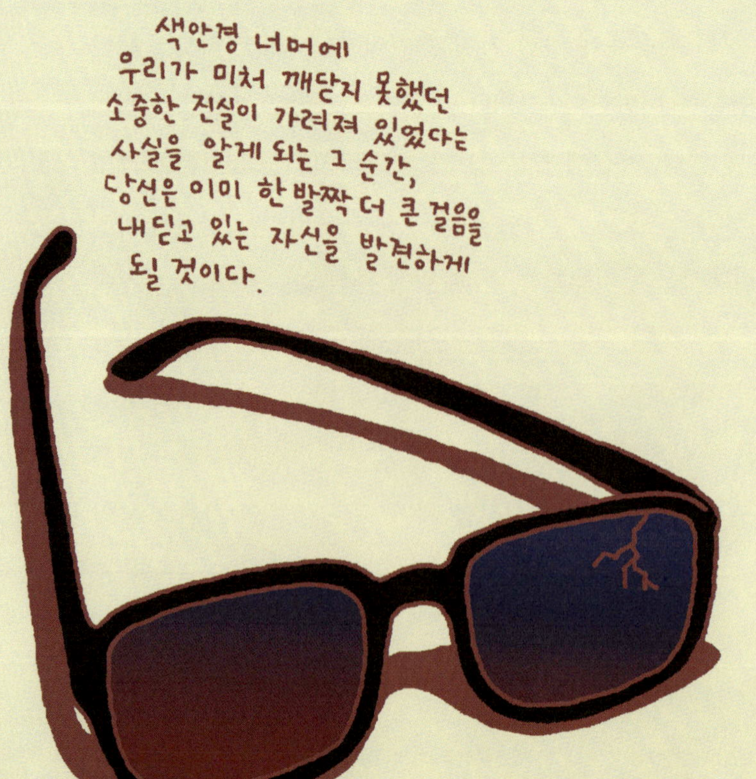

독한 사람으로 취급했다. 물론
그런 사람들도 있다. 그러나 이
제 시각을 좀더 넓혀야 한다. 지
금은 부자의 나쁜 점만 흥볼 때
가 아니다. 좋은 것을 보고 배울
때다. 나는 대한민국이 더욱 부
강한 나라가 될 수 있고, 국민 한
사람 한 사람이 부자가 될 수 있
다고 믿는다.

　　눈꼴사나운 부자들도 만나보았지
만, 세상을 따뜻하게 하는 부자도 보았다. 나를 감동시킨 부자, 박
회장님 이야기를 하겠다.

　　박 회장님은 한국전쟁 때 북한에서 넘어왔다. 당시 시대상황이
그러했듯이 그는 엄청나게 고생해야만 했다. 구멍 나지 않은 양말
을 신어본 적이 없었다. 나중에 부자가 되고서야 멀쩡한 러닝셔츠
를 입고 어린애처럼 좋아했다고 한다.

　　발가락이 다 보이는 양말을 신고 성실하게 공장을 운영한 끝에
박씨는 500억 원대의 재산을 모은 회장님이 되었다. 이제 그는 머
리가 허옇게 세고 허리는 굽었으며 눈이 침침한 노인이 되었지만

박 회장님은 언제나 살아 있음에 고마움을 느낀다고 했다.

“이북에서 먹을 것 없이 살던 내가 회장 소리를 들으며 편안하게 살 수 있다는 사실이 믿어지지 않소. 아직까지도 현실이 꿈만 같다오. 내 자식은 미국에 가서 경영학 석사까지 해서 내 회사를 물려받았소. 그 어렵다는 공부를 마쳐주었으니 그저 고마울 뿐이지. 대한민국을 발전시키는 데 조그만 공헌이라도 했으니 그것도 행복하고…. 살아보니 고마운 일로 가득해. 어느 것 하나 밉고 싫은 것이 없어. 모두 고맙고 아름다워 보일 뿐이오.”

박 회장님은 서류가방에 만 원짜리 지폐를 200장씩 넣어서 차 트렁크에 싣고 혼자서 시골장터나 달동네를 찾아간다. 그리고 이 돈을 쪼그라든 손으로 나물을 다듬어 파는 할머니나 엄마 아빠가 일하러 나간 사이 혼자 동생을 돌보는 아이들, 가족 없이 살아가는 독거노인들에게 나누어준다.

매출액 3천억 원을 넘겼으나 단 한 번도 매스컴에 노출되지 않아서 사람들은 그가 누구인지 모른다. 사람들은 그의 돈을 받고도 멍하니 바라볼 뿐이다. 박 회장님은 일주일에 서너 차례씩 벌써 몇 년째 이 일을 계속해오고 있다. 불우이웃돕기 방송에 거액을 내고 얼굴을 내보이는 것보다는 자신의 눈으로 보아 어렵게 산다고 생각하는 사람에게 돈을 주는 일이 더 보람 있다고 판단한 것이다.

“내가 세상의 은혜를 많이 입었지 않소. 그 고마움을 되돌려주는 작은 수단일 뿐이야. 나는 매일매일 편하게 잠잘 수 있다는 사실만으로도 고마워.”

살아 있는 동안 매일 숨을 쉬어야 한다는 사실은 어떤 사람에게는 고마움일 수 있으나 또 다른 사람에게는 고통일 수도 있다. 대한민국 하늘 아래서 남보다 많이 가졌다는 것은 행운일 수도 있고 고통일 수도 있다.

부자나 부자가 아닌 사람이나 인간은 누구나 똑같다. 국민 대다수가 부자가 아니기 때문에 5%가 안 되는 부자를 색안경을 끼고 바라본다. 그러니 부자들이 이해되지 않고 이상해보일 수밖에 없다.

열린 마음으로 부자의 삶을 보자. 서울 성북동의 대저택에 살면서도 고통이 있고, 한 병에 8천만 원짜리 양주를 마시면서도 피눈물이 날 수 있고, 5천만 원짜리 모피에 갇힌 여자의 마음에도 아픔이 있다. 끝없이 노력해 잠재능력을 개발하여 정당하게 부를 얻은 사람을 욕할 이유는 없지 않은가. 반칙과 편법으로 부를 이룬 사람만 비난하자. 부자의 환희와 고통을 이해하면 내일은 당신도 부자가 되어 있을 것이다.

별을 갖고 싶다면 바다나 산으로 가서는 안 된다.

길은 하나뿐이다.

저 위를 보라. 정답이 거기 있다. 바로 하늘이다.

마찬가지로 당신이 부자가 되고 싶다면 길은 가까이에 있다. 부자에게로 가라.

부자의 꿈속까지 동행하라

26

부자가 되고 싶다면
부자에게로 가라

나에게는 소원이 하나 있다. 바로 별을 갖는 것이다. 나는 별을 따기 위한 준비를 모두 마쳤다. 운동화도 샀고, 공부도 충분히 했으며, 여행을 떠날 짐도 쌌다. 이제 내가 원하는 것을 손에 넣기만 하면 된다. 그런데 어디로 가야 할지 모르겠다. 답답해 미칠 노릇이다. 저만치에 그토록 원하는 별이 보이는데 어떻게 잡아야 할지 모르다니….

별을 갖고 싶다면 바다나 산으로 가서는 안 된다. 길은 하나뿐이다. 저 위를 보라. 정답이 거기 있다. 바로 하늘이다. 마찬가지로 당신이 부자가 되고 싶다면 길은 가까이에 있다. 부자에게로 가라.

부자가 되는 방법 가운데 하나는 부자와 친구가 되는 것이다. 부자에게 필요한 무언가를 팔면 당신도 부자가 된다. 고급 저택, 값비싼 명품, 고수익 펀드가 필요한 대한민국 5%를 노려라.

여기서 명심해야 할 것이 있다. 부자에게는 단순히 제품만 팔면 안 된다. 서비스도 함께 팔아야 한다. 일단 부자와 안면을 텄다면, 그다음에는 부자의 손발이 되어야 한다. 부자의 심부름꾼이 되는 것이다. 여기서 자존심을 들먹일 필요는 없다. 바로 그들이 당신을 부자로 만들어줄 것이기 때문이다. 부자에게 1억 원어치를 팔았다면 1천만 원은 당신 것이다. 회사를 운영하는 사장님에게 직원들 추석선물로 줄 김치냉장고를 100대만 판다고 해도 몇백만 원이 고스란히 남는다. 그들에게 100억 원어치 물건을 판다면 연봉이 10억 원이 넘는다. 부자 고객을 열 명만 잡으면 당신도 갑부가 될 수 있다.

보험 세일즈맨 장팔만 씨의 특기는 부자 비위 맞추기다. 한 번은 그의 우수 고객이 지나가는 말로 영광굴비가 먹고 싶다고 한마디 던졌다. 그 말이 떨어지기가 무섭게 장씨는 서너 시간을 차를 타고 가서는 영광굴비를 구해왔다. 부자가 굴비를 받고 어떤 표정을 지었을지 상상해보라. 장씨에 대한 신뢰와 만족이 뭉게구름처럼 피어올랐을 것이다.

어느 날 나는 그와 아침 일곱 시에 만나 식사하기로 약속했다. 그런데 새벽 다섯 시 반쯤에 그에게서 문자 메시지가 날아왔다. '제 고객이 갑작스레 호출해서 좀 늦을지도 모르겠습니다' 라는 내용이었다. 새벽부터 불러대는 고객이라 짜증이 날 법도 한데 그는 오히려 즐거운 듯했다. 그러다 아침 아홉 시가 넘어 그는 "고객과 함께 있느라 가지 못하겠다"고 전화를 했다. 결국 그날 나는 바람을 맞았다. 그러나 부자가 원하면 선약을 깨면서까지 따라가는 그의 정성을 탓할 수는 없었다. 오히려 한 수 배운 느낌이었다.

그는 부자가 원하는 것을 채워주는 데 전혀 스트레스를 받지 않는다. 오히려 부자들이 찾아주면 기뻐하고, 어려운 부탁일수록 기꺼이 들어준다. 장씨는 이미 준비된 예비 부자임이 틀림없다. 그는 현재 연봉 10억 원이 넘는 보험회사 넘버원이 되어 있다.

세일즈우먼 김상미 씨는 20여 년 동안 가전제품을 200억 원어치 이상 팔았다. 그녀도 처음에는 평범한 주부사원으로 시작했다. 실력이 고만고만한 직원들과 함께 적당히 실적을 올리며 월급을 받는 일은 왠지 즐겁지 않았다. 그녀는 성공 방법을 찾아내는 데 골몰했다. 마침내 그녀가 떠올린 방법은 이것이었다.

"부자가 되려면 부자 손님을 만나자."

그녀는 부자 고객의 집안 대소사를 꼼꼼하게 챙기고, 아이들의

내가 남들보다 멀리 내다본 게 있다면
그건 단지 거인들의 어깨 위에
올라 서 있었기 때문이다.
- 아이작 뉴턴

중간고사까지 관심을 가지면서 가족 같은 사이를 만들어갔다. 백일잔치, 돌잔치, 친척의 결혼식장, 장례식장까지 빼놓지 않고 들러 자리를 채웠다. 그녀의 진심어린 정성에 부자 고객이 크게 감동받은 건 물론이다. 그들은 그녀가 부탁하지도 않았는데 알아서 친구들을 소개해주었다. 부자 친구들에게 전화를 걸어 좀더 큰 텔레비전으로 바꿔라, 성능 좋고 디자인이 예쁜 에어컨이 나왔으니 그것으로 바꿔라는 등 알아서 세일즈를 해주었다.

그녀가 성공할 수 있었던 이유를 생각해보자. 그녀는 부자 고객들과 함께 생활하면서 항상 부자 편에서 생각하고 행동하는 원칙을 준수했다. 내가 생각하기에 좋은 냉장고를 권하지 않고, 부자가 좋아할 만한 이유를 따져본 뒤 권유하는 방식으로 접근했다.

많은 세일즈맨이 실적 올리기에 전전긍긍하여 자신의 가치를 기준으로 좋다고 생각하는 것을 부자에게 권하려 한다. 하지만 탁월한 세일즈맨은 자신의 가치관보다는 부자의 눈높이에서 고객이 원하는 것을 눈치 채고 당당히 권할 줄 안다. 고객과 싸워서 이길 수 있는 세일즈맨은 없다. 따라서 부자가 요구하는 것에 충실히 따르는 자세가 중요하다.

명품을 판매하던 어느 여직원은 부자 고객 때문에 파혼당한 일도 있다. 울지도 웃지도 못할 슬픈 사연은 이렇다.

부자 고객이 명품 숍에 와서 쇼핑을 잔뜩 하고는 배달을 부탁했다. 물건을 들고 아파트로 찾아간 직원에게 사모님은 엉뚱한 요구를 했다.

"오늘은 심심하고 지루하네. 남편 올 때까지 같이 고스톱이나 치자. 안 바쁘지?"

물론 여직원은 사모님과 고스톱 판을 벌였다. 누구 말씀이라고 감히 거역하겠는가. 그러나 그날은 마침 약혼자와 약혼 예물을 고르러 가기로 한 날이었다. 약혼자와 예비 시댁 식구들까지 보석상 앞에서 기다리고 있었다. 쉴 새 없이 휴대폰이 울렸지만 여직원은 단호하게 휴대폰을 꺼버렸다. 그리고 밤이 새도록 고스톱에 매진했다. 양쪽 집안에 난리가 난 것은 물론이다. 이 사건으로 그녀는 파혼당했다. 하지만 부자 고객을 확실하게 친구로 만들었다. 눈물의 대가는 돈으로 돌아왔다. 사모님은 여직원에게 엄청난 금액의 보너스를 받게 해주었다.

위에서 예를 든 세 사람은 전부 부자다. 현금만 10억 원 이상에, 고배당 우량주를 몇만 주 이상 갖고 있으며, 킬로그램당 2천만 원 상당의 금괴도 꽤 갖고 있는 사람들이다. 수억 원짜리 미술품과 30억 원이 넘는 빌딩 또한 소유하고 있다. 그들의 공통점은 모두 부자의 친구가 되어서 부자가 된 사람들이다.

부자는 우리가 원하는 떡을 이미 쥐고 있는 사람이다. 부자와 함께 있어야 부스러기라도 줍는다. 부자와 친구가 되어야 떡고물이라도 맛볼 수 있다. 부자를 상대로 하는 세일즈는 겉보기와 달리 화려하지 않다. 충분한 각오와 다짐 없이 섣불리 덤볐다가는 상처만 받은 채 패잔병처럼 물러서야 한다. 하지만 일단 성공하기만 하면 부자들이 스스로 나서서 세일즈를 해주면서 엄청난 수익을 올려주는 고수익 비즈니스다. 이만하면 충분히 해볼 만한 가치가 있지 않은가!

부자가 되고 싶다면 부자의 친구가 되어라. 그의 호감을 사고 우정을 얻어라. 그러면 당신은 이미 하늘에 팔을 뻗은 것이다. 곧 빛나는 별을 손안에 넣을 수 있다.

27

코끼리 꼬리만으로
코끼리를 짐작하지 마라

수수께끼를 내겠다. 부잣집에는 없는 게 한 가지 있다. 그것이 무엇일까? 돈으로 못 사는 게 없는 부자에게도 없는 게 있다니. 이것은 비싸거나 대단한 물건이라서 없는 것이 아니다. 보통 사람의 집에서는 흔하게 볼 수 있는 물건이다.

정답은 바로 문패다. 부자의 집에는 문패가 없다. 서울 강북에 부자가 사는 동네를 둘러보면 쉽게 확인할 수 있다. 재미있게도 문패가 달려 있어야 할 자리는 비어 있다. 존재하지 않는 문패가 의미하는 바는 이렇다. "우리 집에 낯선 사람이 찾아오는 걸 원치 않습니다."

　　도곡동 타워팰리스에 사는 사람들은 대부분 명함을 아낀다. 처음 본 사람에게 선뜻 명함을 내주지 않는다. 이쪽에서 내미는 명함은 꼭 받아 챙기지만, 자신의 명함은 주지 않고 이름만 알려준다. 굳이 명함을 달라고 보챘다가는 차갑게 거절을 당하거나 "저런, 차 안에 두고 왔네요"라는 핑계만 들을 것이다. 상대방의 신분은 파악해야겠지만 자기 것은 알려주지 않겠다는 부자의 심리다.

　　부자와 재테크에 관련된 이야기를 나누다 보면 문득 느껴지는 것이 있다. 부자는 내 이야기를 열심히 듣지만, 자기 이야기는 거의 하지 않는다. 부자는 자신이 마음속에 담고 있는 재테크 방식은 쉽게 털어놓지 않는다. 소문난 재테크 전문가들의 이야기는 귀담아 듣지만, 자신이 생각하는 재산 불리기 방법에 대해서는 절대로 입을 열지 않는다. 남이 어떤 주식을 사는지, 요즘 인기 있는 펀드는 무엇인지, 부동산 전망은 어떤지만 샅샅이 귀동냥한다. 굳이 내 비밀을 알려줄 필요가 있겠느냐는 것이 부자들의 생각이다.

　　그러나 부자와 친밀한 관계를 맺는다면 문제는 달라진다. "그 사람은 우리 가족이야"라는 말이 부자 입에서 나올 정도만 되면, 부자는 모든 것을 털어놓느라 바쁘다. 자물쇠가 열리고 수다쟁이가 되는 것은 순식간의 일이다.

부자도 나와 당신과 같은
사람입니다.
겉모습만으로 판단하지 말고
마음의 문을 열고
유심히 들여다 보세요.
열쇠는 이미 당신에게 있어요.
너무 쉽게 속단하기는 않았으면……
이것이 바로 부자의 실체로군!
이거다!
KOKOON

유명 부자 연예인에게 10여 년 동안 벤츠를 서너 대 팔면서 어울리게 된 세일즈맨이 있다. 그와 부자는 우연찮게도 동갑내기여서 그들은 금세 친구가 되었다. 양쪽 집안의 가족을 모두 데리고 여름휴가를 떠나는 것은 물론 아내들이 잠들면 남자끼리 모여앉아 별 시시콜콜한 이야기를 나누거나, 요새 인기 있는 여자 연예인이 누구라는 둥, 한 번 만나봤으면 좋겠다는 둥 절친한 친구 사이에서만 오갈 수 있는 수다를 늘어놓으며 낄낄댄다. 이들 사이에 비밀은 없다. 부자는 자신이 부자가 될 수 있었던 초특급 비법조차 가볍게 털어놓는다.

이들의 경우로 미루어 알 수 있듯이 부자는 남이라고 생각하면 절대로 입을 열지 않는다. 그러나 내 가족이라고 판단하면 속을 환히 내보인다. 참으로 이해하기 어려운 부자의 모습이다.

부자는 다면적인 성향을 가진 사람이다. 사치스럽고 헤픈 듯 보이지만 검소하고 금욕적이다. 세상에서 제일 강한 사람처럼 보이지만 여리고 나약한 면도 있다. 부자는 숨기는 데 능숙하지만 때로는 속을 터놓기도 한다. 때로 잘난 척하기도 하지만, 선행을 숨기는 경우도 있다.

부자가 아닌 사람들은 대부분 단순하고 평이하게 산다. 그렇기 때문에 부자들의 다양한 성향을 이해하기가 힘들다. 그저 '부자는 이상해. 별종이야. 괜히 있는 척 거들먹거리지’ 하고 짐작할 뿐이다. 그러나 속단은 금물이다. 지금 당신이 보고 있는 부자의 모습이 전부가 아니다. 오늘 당신에게 꼭꼭 잠겼던 부자의 마음이 내일은 열릴지 모른다. 당장은 아는 척도 해주지 않지만, 곧 가족 같은 친구가 될 수 있다. 마찬가지로 다정했던 사람이 싸늘하게 식어버릴 수도 있다. 그러나 당황할 필요는 없다. 이런 것이 모두 부자의 성향이기 때문이다. 코끼리의 꼬리만 만져보고 코끼리를 짐작하지 마라. 당신이 아는 게 부자의 전부가 아니다.

28

부자가 되는 시간
vs
부자로 사는 시간

산꼭대기에 오르는 데는 두 가지 방법이 있다. 걸어가는 것과 케이블카를 타고 가는 것이다. 걸어가는 사람은 고통스럽다. 다리가 무겁고 힘들어 땀이 흐른다. 한참 올라온 것 같은데 아직 정상은 보이지 않고, 당장이라도 주저앉고 싶은 마음이 굴뚝같다. 그러면 케이블카를 타고 올라가는 사람은 어떨까. 단숨에 정상까지 오르니 이보다 더 편한 일이 없다. 이 사람으로서는 산에 오르는 게 힘들다고 생각하는 사람이 이해되지 않는다.

이처럼 부자에도 두 유형이 있다. 평생을 바쳐 부자가 된 자수성가형과 돈 많은 부모에게 손쉽게 재산을 물려받은 상속형이다.

자수성가형 부자를 한마디로 표현하면 지독한 수전노에 짠돌이다. 그러나 그 자손들은 반대로 헤프다. 사치와 허영이라는 말은 그들 때문에 만들어진 듯하다.

세계적으로 유명한 최고급 호텔인 미국 H호텔의 상속녀 이야기는 너무나 유명하다. 사람들 입에 오르내리는 그녀의 낭비벽은 대단하다. 매일 파티를 열고, 명품을 사 모으는 일로 소일한다. 외모를 가꾸는 데에만 엄청난 돈을 쓰는 그녀의 꿈은 연예인이 되는 것이다. 가수가 되고 싶은데 판을 내주겠다는 음반사가 없자, 제 돈으로 회사를 차렸다. 필요하다면 방송국도 하나 만들 것이다. 평생 손가락 하나 까딱하지 않고 큰 부자가 된 그녀는 돈 쓰는 일에 성신없이 바쁘다. 그러나 애완견에게 다이아몬드 왕관을 씌우고 심심하면 차를 바꾸는 그녀는 알고 있을까. 바로 H호텔이 미국의 경제대공황 시절 파산 지경에 이르는 고통을 겪었고, 자신이 누리는 부가 조상들이 일생을 바쳐 일궈낸 땀의 결과라는 것을. 그러나 그녀는 천진한 어린아이처럼 세상 일을 즐거워하며 사치와 낭비를 즐길 뿐이다.

우리나라에서도 상속형 부자들의 철없는 행태는 반복된다. 아버지는 1천 원짜리 김밥으로 끼니를 때우는데 아들은 여자친구 생일선물로 자동차 키를 건네주는 식이다. 어머니는 구멍 난 속옷을 기워 입는데 딸은 한정판 수입 핸드백을 사기 위해 백화점에 돈을 들이붓는다. 왜 똑같은 부자인데도 돈에 대한 인식이 이처럼 차이가 나는 것일까? 부자가 되는 데 걸린 시간과 부자로 사는 기간의 상관관계가 크기 때문이다.

이 두 시간 개념으로 부자들을 분석해보자. 부자가 되는 데 걸린 시간은 길지만, 부자로 사는 기간이 짧은 사람은 누구일까. 바로 자수성가형 부자인 짠돌이다. 반면 자손들은 부자가 되는 데 걸린 기간은 짧지만, 부자로 사는 기간이 길다. 그들이 바로 상속형 헤픈이들이다.

부자가 되는 데 걸린 기간(Period for Becoming Wealthy: PBM)은 부자가 되겠다고 마음먹은 후부터 실제로 부자가 되기까지의 기간을 의미한다. 통계적으로 볼 때 스무 살에 부자가 되겠다고 결심하고 돈을 모으면 대략 마흔다섯 살이면 10억 원을 모은다. 부자가 되는 데 약 25년의 세월이 필요한 것이다. 부자로 사는 기간(Period for Wealthy Living: PWL)은 부자가 된 후에 죽거나 몰락하기까지의 기간을 말한다. 예를 들어 마흔다섯 살에 부자가 된 사람이 일흔 살에 세상을 떠난다면, 그는 25년 동안 부자로 산 것이다.

거의 모든 자수성가형 부자들은 참혹했던 과거를 잊지 못한다. 그들은 소비하는 법을 모른다. 1천 원을 아끼려고

무야,
별거 아니잖아?
정말 아름다워!
역시 고생해서
올라온 보람이
있군.
과정을 무시한 성취는
그 기쁨이 오래가지 않습니다.
조금 힘이 들더라도
정상을 향한 과정을 즐겨보세요.
생각보다 훨씬 더 많은 즐거움들이
당신을 기다리고 있을 거예요.

버스를 타지 않고 밤새워 걸었던 기억 때문에 지금도 여간해서는 택시를 타지 않는다.

반면 상속형은 어떤가. 돌 선물로 자신도 모르는 주식을 몇억 원어치나 받았고, 초등학교 입학 때 수만 제곱미터의 땅을 상속받았다. 중학교 졸업선물로는 금괴를, 고등학교 졸업선물로는 1억 원을 호가하는 스포츠카를 받았다. 미국 유학을 가서는 도우미를 두 명씩 두고 산다. 그들은 부자가 되는 데 몇 년 걸리지 않았으므로 부자가 되려면 얼마나 많은 눈물과 노력이 필요한지 모른다. 삶이 참 편안하고 지루하다고 느끼면서 무기력증이 찾아오고, 무료함을 달래줄 자극을 쫓는다. 어리석은 부자들의 즐거움이 무엇이겠는가. 대개는 마약이나 도박에 빠지는 것이다. 스스로 파멸의 길로 가는 셈이다. 불에 타죽을 걸 알면서도 달려드는 나방 떼와 다를 것이 없다.

계단보다는 엘리베이터를 타고 싶고, 내 발로 걷기보다 케이블카를 타고 싶은 것이 사람 마음이다. 누구나 힘든 일은 피하고 싶은 법이니까. 그러나 정상까지 걸어 올라가는 게 고통스럽기만 한 일은 아니다. 오랜 시간과 노력을 기울여 올라간 사람은 과정의 소중함을 안다. 자신이 어떻게 여기까지 올라왔는지를 절대 잊지 않는다. 주변 풍경이 아름답고, 들이마시는 공기가 맑고 상쾌하다.

그러나 케이블카를 타고 단숨에 올라온 사람은 어떨까. 그는 아무런 노력도 하지 않고 정상에 올랐다. 정상에 오르는 것이 그에게는 당연하고 대수롭지 않은 일이다. 별로 신기할 것도 대단할 것도 없다. 그러니 무미건조하고 재미없는 삶의 연속이다.

지금 지치고 힘든 자는 결국 시원한 샘물을 마시게 될 것이다. 지금 평화롭고 권태로운 이는 언제까지고 그럴 것이다. 과정의 소중함을 아는 사람만이 아름다운 결과를 맺을 수 있다.

29

부자는 절대 비법을
알려주지 않는다

부자가 되려면 부자와 친해지라고 강조하자 누군가 이런 이야기를 했다. 엄마가 아이에게 친구를 많이 사귀라고 잔소리를 하면서도, 어떻게 사귀어야 하는지를 알려주지 않으면 소용이 없다는 것이다. 그 말에 가슴이 뜨끔했다. 옳은 말이다. 그러나 옳지 않은 말이기도 하다. 사람의 마음에 접근하는 방법에 어찌 답이 있단 말인가. 하지만 부자들에게 접근하는 방법에는 규칙이 있다.

먼저 알아둘 일은, 부자는 절대 비법을 알려주지 않는다는 것이다. 텔레비전 요리 프로그램에서 주방을 찾은 리포터가 쫓겨나는 걸 본 적이 있을 것이다. 맛있는 요리의 비법을 알아내기 위해 카

메라가 다가가면, 주방장은 화를 내며 등을 돌린다. 그들이 평생을 바쳐 찾아낸 고유한 방법이 알려지는 게 싫기 때문이다. 부자도 마찬가지다. 부자는 자기만의 부자 되는 노하우를 남에게 가르쳐 주지 않는다. 자신이 부자가 된 방법을 동네방네 떠들며 자랑하고 다니는 사람은 실제로 부자가 아닐 확률이 높다. 거부는 절대로 입을 열지 않는다.

나는 미국에서 부자학을 연구하고 돌아와 1990년대부터 2000년대 초반까지 50여 개가 넘는 국내 기업체의 자문교수 역할을 하며 수많은 부자를 접했다. 그들이 처음부터 나에게 마음을 연 것은 아니다. 의심도 많고 걱정도 많은 부자들과 친해지기는 쉽지 않았다.

나는 한 사람에게만 하루에 다섯 번 이상 전화를 건 석이 있다. 전화기를 던져버리고 싶은 욕구를 누르기 힘들었지만, 결국 그와 통화하는 데 성공했다. 그때만큼은 속상했던 것도 잊고 펄쩍 뛸 만큼 기뻤다. 포기하고 싶은 마음을 억누르고 끝까지 도전하는 게 부자와 친해지는 첫 번째 원칙이다.

강남 사모님들과 친해지기는 더욱 어렵다. 아무래도 남자와 여자의 교류는 쉽지 않은 모양이다. 궁리 끝에 처음에는 부녀회에 참석했다. 공손하게 두 손으로 와인을 따라주면서 그들과 어울렸다. 분위기에 어울리는 농담을 던지고 즐겁게 화제를 이끌어 나갔다.

그러나 그것으로는 뭔가 부족했다. 그래서 부잣집 사모님이 다니는 헤어살롱에 가서 머리를 잘랐다. 그녀들과 마주칠 때마다 눈인사를 하고 얼굴 도장을 찍었다. 끝없는 노력에 그녀들은 처음과 달리 경계를 풀고 다정하게 대해주었다. 마침내 마음이 열린 것이다. 그리고 부자 되기 노하우를 살짝 공개하기에 이르렀다.

또 다른 증권회사의 고급 고객과는 함께 골프를 치러 갔다. 그가 골프에 취미가 있다는 걸 미리 알아두었기 때문이다. 그러나 솔직히 나는 핸디가 100이 넘는 생초보 골퍼다. 그러나 그와 수준을 맞추기 위해서는 어쩔 수 없었다. 오히려 쩔쩔매는 나를 보고 그는 친근함을 느끼는 듯했다. 이것저것 간섭하며 골프를 가르쳐주었다. 그에게는 골프와 함께 재테크 비법을 새로 배웠다.

말하기에 좀 부끄럽지만 최고급 빌라의 주인과는 그가 하는 야한 이야기를 들으며 친해졌다. 그는 소탈하고 꾸밈없이 다가가는 내 모습에 점수를 주었다. 남자들끼리만 할 수 있는 이야기를 털어놓으며 스스럼없이 웃다 보니 어느덧 친구가 되어 있었다. 어느새 십년지기 친구처럼 친해진 그는 나에게 빌라 수십 채를 사들인 과정을 자세히 설명해주었다.

부자들과 친해지는 것은 생각처럼 쉽지 않다. 부자 중에는 최소한의 예절을 지키지 않는 사람도 많다. 인간적으로 심한 대우를 받

아무리 의심 많은
부자라 할지라도
진심은 통합니다.
안될 거라는
편견을 버리고
진심을 전해보세요.

을 수도 있고, 자존심에 상처를 입을 수도 있다는 걸 미리 경고한
다. 그러나 한번 믿으면 끝까지 신뢰하는 게 부자다. 기분이 내키
면, 자식에게도 알려주지 않은 부자 되기 비법을 쉽게 알려준다.
사람의 마음을 여는 열쇠는 사실 하나뿐이다. 바로 '진심'이다. 당
신을 이용해 한탕 해보겠다는 욕심을 가지고 접근하지 마라. 그들
은 흑심을 품고 다가오는 사람을 하루에도 몇 명씩 만난다. 인생의
목표를 달성한 사람에 대한 존경심, 인간에 대한 예의, 따뜻한 마
음만이 부자의 꽁꽁 언 마음을 녹일 수 있다. 마음에 없는 아첨과
거짓된 굽실거림으로는 절대 부자의 친구가 될 수 없다.

30

부자들의 돈장난

진에 신문을 보다가 깜짝 놀란 적이 있다. 7만 원이 넘는 지우개와 연필이 있다는 소식이 실려 있었다. 그것은 명품 핸드백 회사에서 출시한 한정판 이벤트 상품이었다.

겉으로 보기에는 보통 지우개와 다를 바 없었지만, 이름이 문제였다. 한눈에 알아볼 수 있는 명품 회사 로고가 지우개 바깥에 빼곡히 박혀 있었다. 연필 역시 보통 연필이지만, 가죽으로 싸고 명품 로고를 큼직하게 박았다. 이 상품은 강남 어린이들에게 생일 선물로 인기가 좋다고 했다. 하지만 가격이 워낙 비싸서 부유층 아이들 사이에서도 특별한 몇몇만 가질 수 있다고 했다. 그래서 명품 지우개, 연필이 없는 아이는 소외당하는 느낌을 받는다고 신문은 전하고 있었다.

이런 행동을 보는 일반인의 반응은 '돈이 많으니 심심해서 아주 돈으로 장난질을 하는구나' 하는 정도일 것이다. 일반인의 한 달 생활비에 해당하는 돈으로 명품 지우개 따위를 사들이는 부자를 이해하기는 쉽지 않다. 비난과 눈총을 받을 수밖에 없다. 그러나 여기서 생각을 멈출 일이 아니다. 생각을 더 넓게 펼칠 필요가 있다. 이러한 부자들의 돈장난이 우리 경제를 살리는 원동력이 되기에 그렇다.

언론에 발표된 한 조사에 따르면 대한민국 사람들이 가장 중요하다고 믿는 것은 경제발전으로 나타났다. 국민의 85%가 경제발전을 간절하게 바랐다. 물가는 내리는 일 없이 오르기만 하고, 허리띠를 졸라맨 서민들은 더욱 쪼들린다.

모두 경제를 살리자고 말하지만 방법을 알고 있는 사람은 없는 듯하다. 경제는 어떻게 발전하는가. 경제발전의 핵심 요체는 '부자가 되려는 마음을 가지는 것'과 '경제발전을 달성하기 위해 새로운 가치를 만들어내는 끊임없는 노력'이다.

경제가 살아나는 것은 현재 부자들이 원하는 것을 충족시키려는 노력의 결과다. 손에 느껴지는 감촉이 기가 막힌 새털 같은 옷

불티 나게 팔린다!
루이씨똥 지우개!
₩ 70,000

반응 1
아주 쇼를 해라, 쇼를!
돈이 많으니 이제 아주 별 짓을
다 하는구먼. 나 참 더러워서…
이놈의 세상은 왜 이렇게
불공평한 거야! 젠장.

반응 2
7만 원짜리 명품 지우개를 실제로
구입하는 사람들이 있다니 이거 흥미
로운걸? 남들과 구별되고 싶은 부자들
심리를 아주 잘 이용한 멋진 상술이야.
또 다른 아이템으로 승부해도 얼마든지
가능성이 있겠어. 뭐가 좋을까…
당신은
어느 쪽?

을 입어보려는 부자의 욕구를 충족시키기 위해 170수 이상의 옷감으로 만든 1,900만 원짜리 남성복이 탄생했다. 이것을 사치스러운 행각이라고만 치부할 일은 아니다. 1,900만 원짜리 양복을 입어보려는 부자의 욕구를 채워주려고 노력하는 기업 덕택에 제품 수준이 발전하면서 그 결과로 경제가 발전해 나가는 것이다. 세계 최고급 요트를 원하는 부자를 위해 2천억 원짜리 요트가 탄생한 것과 같은 맥락이다. 2천억 원짜리 요트는 마이크로소프트(MS)사의 공동 창업자 폴 앨런이 소유하고 있다.

현재까지는 평당 분양가가 3천만 원이 넘는 최고급 아파트가 거의 없다. 그러나 조만간 분양가가 100억 원에 달하는 200평짜리 슈퍼 아파트가 서울 강남에 들어설 것이다. 내 집 마련이 평생의 소망인 일반인에게는 충격적인 소식이다. 그러나 이것을 '부자들의 돈장난'으로 해석하기보다는 '부자들의 욕구를 충족시키면서 100억 원짜리 가치가 있는 신상품을 제조하는 것'으로 이해하는 것이 대한민국이 부자 국가가 되는 지름길이다.

부자의 숨은 욕구를 충족시키는 과정에서 새로운 기술이 발전하고, 새로운 산업이 생성된다. 1억 원짜리 하루 달나라 여행도 여기에서 생겼고, 20억 원짜리 미술품 경매도 여기에서 기인했다. 부자는 탁월한 능력으로 일반인에 비해 돈을 많이 벌었다. 그리고 이제 그 돈을 쓰고자 한다. 그들이 아낌없이 쓸 수 있는 통로를 마련해야 한다. 자본주의 사회는 돈 많은 자가 지갑을 열어야 쌩쌩 돌아가게 되어 있다. 그들의 구미를 당길 만한 일을 만들어야 한다.

돈 자체를 좋아하는 부자는 거의 없다. 부자는 자신이 가치를 창조한 대가로 돈을 벌었고, 또한 자신이 원하는 새로운 가치를 구매하는 대가로 돈을 지불한다.

부자들이 원한다면 7만 원이 아니라 70만 원이 넘는 지우개인들 못 만들겠는가. 사회적 위화감을 조성한다고 목소리를 높이기 전에, 그런 지우개를 맘 놓고 살 수 있는 그들의 능력을 높이 사야 한다. 부자들은 물건을 사는 게 아니라 브랜드 가치를 사는 것이다. 결국 그들에게 필요한 건 학용품에 시나지 않는 지우개가 아니라 명품 로고다.

부자들은 돈으로 장난을 칠 만큼 여유롭다. 그들이 부자인 한, 돈장난은 언제까지나 계속될 것이다. 그렇다면 우리는 그들의 장난을 받아줄 여유를 가져야 한다. 그들에게는 장난이지만, 우리에게는 생계가 걸린 일이다. 부자들의 돈장난을 비웃지 말고, 그들의 욕구를 채워줄 대안을 찾아야 할 때다.

31

자기 자신에게
패배하지 마라

몇 억을 우습게 아는 부자들을 많이 만났다. 그들에게 일반인의 한 달 월급은 하루 유흥비밖에 되지 않는다. 그들은 보통 사람이 10년 동안 부은 적금 액수보다 비싼 금액의 양복과 구두를 거리낌없이 산다. 그들에게 돈은 아무리 써대도 솟아나는 신비한 샘물이다.

그러나 현실적으로 돈은 생명력이 없는 물건에 지나지 않는다. 저 혼자 자라나지 않는다는 뜻이다. 쓴 만큼 벌어서 보충해주지 않으면 언젠가는 바닥을 드러내고 만다. 하지만 장미꽃이 활짝 피어 있을 때 시커멓게 시들 거라는 생각을 하지 못한다. 아름다운 여자도 반드시 늙는다는 사실을 인식하지 못하는 사람들이 세상에는 얼마나 많은가.

반면에 소비를 엄격하게 단속하는 부자들도 있다. 옛 성현의 말씀대로 남에게는 너그럽지만 자신에게는 혹독한 사람들이다. 그들은 자신이 부자가 되기로 결심한 이유를 잊지 않는다. 부자가 되기까지의 과정도 마찬가지다.

1960년대에 시골에서 올라와 남대문 시장에 작은 솜이불 가게를 시작한 공대식 씨. 그가 돈을 벌겠다고 낯선 도시로 상경한 이유는 단지 부자가 되기 위해서였다. 공씨는 돈을 벌기 위해서는 돈이 많은 곳으로 가야 한다고 생각했다. 평생 촌구석에서 흙을 파며 살다가는 농부로 삶을 마감할 것 같았다. 그러나 정직한 흙만 믿고 살기에는 그의 가슴속에 간직한 꿈이 너무도 컸다. 그는 자신의 한계에 도전하고 싶었다.

오래전에 있었던 일이지만 그에게는 돈이 없어 약도 먹어보지 못하고 죽은 조카가 있다. 단 몇만 원이 없어서 소중한 생명을 잃은 것이다. 이는 당시 시골에서는 흔한 일이었다. 사람들은 가슴 아파했지만 당연한 일로 받아들이는 눈치였다. 또다시 아까운 생명이 사라지더라도 그들은 아무렇지 않게 여길 것 같았다. 하지만 가난이 사람의 생명까지도 좌우한다는 것이 그에게는 큰 충격을 주었다. 그는 기필코 부자가 되어 지금의 설움을 떨치겠다고 결심했다.

서울에 올라온 그는 지독한 고생을 맛봤다. 생일날에만 딱 한 번 달걀을 두 알 먹는 것이 그의 삶에 유일한 낙이었다. 평소에는 흰 우유에 물을 타서 먹으며 배를 채웠다. 젊어 고생은 사서도 한다고 마음을 달래며 그는 모진 세월을 이겼다.

그는 돈을 버는 족족 쓰지 않고 모았다. 어느덧 그가 알부자라는 소문이 나자, 옆 가게 사람이 찾아와 돈을 빌려달라고 사정했다. 그는 급전을 융통해주고 이자를 받았다. 어차피 있는 돈을 빌려주었을 뿐인데 이자까지 달고 돌아오다니 놀라웠다. 쏠쏠한 재미를 알게 되자 그는 사채업에 흥미를 갖게 되었다.

꼭 돈을 벌겠다는 마음에 장사보다는 사채놀이에 더 열중하게 되었다. 급기야는 다방에서 거의 살다시피 하며 돈이 필요한 사람들과 만났다. 얼마 후에는 아예 가게를 접고 전문사채업자로 변신했다. 돈이 돈을 부르게 한 그는 100억 원 이상의 부동산과 현금 수십억 원을 챙겼다.

그는 100평이 넘는 3층짜리 단독주택에 살면서도 겨울에 보일러를 돌리지 않는다. 온 집안 식구들이 긴 소매, 긴 바지에 솜이불을 덮고 잔다. 수돗물을 1분 이상 틀어놓는 걸 참지 못하며, 불을

세상에서 가장
두려운 상대.
이 녀석만 극복할 수
있다면 당신은
세상 어떤 것도
뛰어넘을 수 있다.

끄고 어두운 방에서 생활한다. 왜 그리 지독하게 사느냐고 물어보니, 아직도 죽은 조카의 혼이 어른거린다고 했다.

살을 찌우는 일은 쉽다. 맛있는 음식을 잔뜩 먹고 게으르게 생활하면 살은 반드시 찐다. 자고 싶은 대로 자고 뒹굴면 얼마든지 살을 찌울 수 있다. 그러나 살을 빼기는 힘겹다. 달리고 뛰고 굶어야 한다. 절제하고 단속하며 배고픔을 참아야 한다. 돈 버는 일도 이와 마찬가지다. 돈 버는 일은 고통스럽지만, 돈 쓰는 일은 참 쉽다.

부자의 제1원칙이 절약이라는 것은 수없이 강조해도 지나치지 않다. 돈을 써야 하는 상황인지 아닌지를 구분하고, 사사로운 욕구에서 벗어나라. 세상에서 가장 무서운 사람은 바로 나 자신이다. 누구나 자신에게는 너그럽기 때문이다. '이쯤이야 괜찮아. 나도 이 정도는 누릴 자격이 있지' 라고 스스로 다독이지 마라. 자신의 설득에 넘어가는 것이야말로 제 꾀에 넘어가는 어리석은 행동이다. 누구보다 소중한 자신의 말에 귀 기울여라. 자기 자신에게 패배하지 않는 사람만이 성공할 수 있다.

32

기나긴 외로움을
견디는 사람

부자는 외롭나. 돈이 많아 걱정 없을 부자가 뭐 외롭겠느냐고 하겠지만, 정말로 부자는 허전하고 쓸쓸하다. 부자의 고독을 보통 사람은 모른다.

나는 송영자라는 부잣집 사모님의 하소연을 들은 적이 있다. 화려한 실크 드레스를 입은 그녀의 고운 얼굴에는 시름이 내려앉아 있었다. 최고급 화장품과 비싼 보석으로 치장했지만 표정은 어두웠다. 그녀는 항상 늦게 들어오면서 여자 향수 냄새까지 풍기는 남편에게 짜증 한 번 내지 못했다. 남편이 그녀에게 가져다준 재력과 안정적인 삶 때문이다. 보통 가정에서 토닥토닥 일어나는 부부싸

움도 남의 이야기다. 1억 5천만 원짜리 벤츠를 갖고 있지만 오히려 운전기사의 아내가 부럽다고 했다. 기사가 아내에게 전화를 걸어 일찍 들어갈 테니 함께 저녁 먹자고 말하는 소리를 듣고 눈물이 났다는 그녀는 외로운 삶을 간신히 버티고 있었다.

나소심 씨는 자동차 트렁크에 늘 007가방을 싣고 다닌다. 그 가방 안에는 5천만 원가량의 현금이 들어 있다. 빳빳한 만 원짜리 지폐가 백만 원 단위로 묶여 있다. 뭐에 쓰려고 가지고 다니느냐고 물으니, 돈 때문에 해코지를 당할까 봐 겁이 나기 때문이라고 했다. 부자라는 소문이 쫙 퍼졌으니 위험에 노출된 것은 당연하다. 도둑이 다가와 위협하면 바로 내주기 위해 돈 가방을 준비해 갖고 다니는 것이다. 돈을 찾아주려고 은행에 가다가 칼에 찔리면 어떻게 하느냐고 묻는 나씨의 눈에 두려움이 어려 있었다.

예전에 가게를 하면서 한창 돈을 벌 때 지폐를 다리미로 다려 이불 밑에 깔고 잔 부자가 있다. 이 부자는 방문 밖으로 오가는 가족의 발소리에 화들짝 놀랄 때가 한두 번이 아니었다. 혹시나 이 돈을 훔치려고 온 도둑이 아닐까, 자신이 잠든 사이에 가족이 몰래 빼앗아 달아나지는 않을까 겁이 났기 때문이다. 가족마저 믿지 못하는 부자의 서글픈 삶이라니.

이 이야기를 듣는 순간만큼은 5천억 원이 넘는 돈을 가졌다는 대부호가 부럽지 않았다. 그래서일까. 미국의 뛰어난 보험 세일즈맨은 부자의 심리변화 시간까지 분석한다. 통계적으로 보아 부자는 금요일 오후에 가장 외롭다. 그들에게는 믿고 의지할 만한 동료나 마음을 터놓을 친구가 없다. 누구나 들뜨는 금요일, 편한 사람들끼리 만나 술잔을 기울이는 금요일 오후에 부자는 혼자 있어야 한다. 호시탐탐 재산을 노리는 사람들에게 돈을 빼앗길지도 모르기 때문에 방문을 꼭꼭 잠가야 한다.

부자는 사회적으로 성공한 사람이다. 모두 부자를 부러워하고, 그처럼 되기를 원한다. 누구나 부자에게는 정중하고 친절하게 대한다. 감히 함부로 굴지 못한다. 그들 주위에는 아첨을 하거나 어떻게든 잘 보이려고 애쓰는 사람들로 가득하다. 손가락만 까딱이면 원하는 것을 모두 가져다 바친다. 언뜻 보기에 그들은 모든 것을 소유한 사람처럼 보인다. 그러나 '부자는 좋겠다'고 막연히 부러워할 일이 아니다. 동전의 양면처럼, 부자에게는 평생 떨칠 수 없는 외로움이 있다.

마음에 없는 아부나 진심이 담기지 않은 친절을 부자는 믿지 않는다. 보통 사람에게는 흔하디흔한 사랑이나 우정이 그들에게는 먼 이야기다. 결국 돈 때문에 친해지려고 한다는 것을 부자들이라고 모를까. 그렇기 때문에 그들은 아무도 신뢰할 수 없다. 돈이면 뭐든지 할 수 있는 부자만의 세상에 인간적인 정이 있을 리 만무하다. 가만히 생각해보면 퍽이나 가슴 아프고 서글픈 일이다.

내가 가르치는 학생들에게 반드시 당부하는 말이 있다. 부자가 되는 대신에 하염없이 찾아오는 외로움을 견뎌야 한다고. 그럴 자신이 있는 사람만 부자를 꿈꾸라고 말이다. 그러면 학생들은 웃어넘긴다. 심지어 돈만 있다면 외로움 따위야 얼마든지 극복할 수 있다고 우스갯소리를 하는 학생까지 있다.

영원히 죽지 않는 불로초를 얻고 싶어한 황제 이야기를 기억해야 한다. 그가 불로불사의 생을 손에 넣었다면 과연 행복했을까. 사랑하는 사람은 전부 사라지고 혼자 남은 세상에서 돈과 보석, 젊음이 그를 즐겁게 해주었을까. 오히려 죽음보다 지독한 슬픔과 외로움에 빠져 허우적댔으리라. 돈으로 살 수 없는 것이 세상에는 얼마든지 있다. 지금 우리 곁의 소소하고 작은 행복에 감사해야 한다. 세상 최고의 부자도 소유하지 못한 진정한 친구와 따뜻한 사랑을 우리는 이미 가지고 있으므로.

부자가 되기 위한
무한도전

얼마 전 한 인기강사에게서 재미있는 이야기를 들었다. 백화점 문화센터에서 문화 강의를 하는 강사였는데, 인기가 최고였다. 처음에는 지방 변두리 백화점에서 시작했다가 입소문을 타고 강남 백화점으로 진출했다. 텔레비전 아침방송에까지 나올 정도로 그의 인기는 하늘 높은 줄 모르고 치솟았다. 수많은 사모님들이 그의 강의를 듣기 위해서 오전부터 길게 줄을 선다고 했다.

그러나 세간에 알려진 것과는 달리 강사는 대단한 사람이 아니었다. 명문대를 나와 유학까지 다녀온 학구파로 알려져 있지만, 실은 고등학교까지 다닌 학력이 전부다. 스스로 공부하고 터득한 강의법으로 유명해진 것이다. 타고난 유머감각과 카리스마 덕분에 이 자리까지 오를 수 있었다. 그러나 사모님들은 그를 선생님이라 부르며 떠받들었다. 그는 많은 사람을 부리는 위치에 있는 부잣집 사모님들이 고양이 앞에 쥐처럼 꼼짝 못하니 묘한 기분이 든다고 했다.

어느 날, 한창 수업 중인데 소곤소곤 떠드는 소리가 들렸다. 강사는 책상을 두드리며 조용히 하라고 외쳤다. 다시 한 번 떠들면 벌금을 물리겠다고 덧붙였다. 그런데도 떠드는 사모님이 있었다. 강사는 사모님에게 무서운 표정을 지어보이며 벌금으로 300만 원을 내라고 했다. 물론 장난삼아 해본 소리였다. 강의실에 모인 사람들도 낄낄거리고 웃었다. 강사는 다시 수업을 진행하며 그 일은 잊었다.

수업이 끝난 뒤 지적을 받은 사모님이 다가왔다. 그리고 핸드백을 열어 수표를 꺼내 강사에게 주었다. 백만 원짜리 수표 석 장이었다. 사모님은 당연하다는 듯 아무렇지 않게 행동했지만 당황한 쪽은 오히려 강사였다. 별 뜻 없이 던진 한마디에 정말 300만 원을 가져오는 사모님을 평범한 강사로서는 도저히 이해할 수 없었다.

"왜 이러십니까. 도로 넣어두십시오."

"아니에요, 선생님이 내라고 하셨으니 내야죠."

그리고 눈웃음까지 치면서 다음 주부터는 조심하겠다는 약속까지 덧붙였다.

강사는 자신이 가르치는 사람들이 부잣집 사모님인 줄은 알았지만, 지니고 다니는 돈이 이렇게까지 많을 줄은 몰랐다고 했다. 300만 원이면 그가 한 달 동안 여기저기 다니며 강의해야 만질 수 있는 돈이었다. 그런데 이 사모님들에게는 당장 지갑에서 꺼내 '벌금'으로 가볍게 낼 수 있는 돈이라니…. 어쩐지 그날 이후로는 자연스러운 농담도 나오지 않고 수업도 딱딱한 분위기 속에서 진행된다고 했다.

나는 강사가 부자들을 충분히 이해하지 못했다고 생각한다. 그들과 우리의 삶은 현저히 다르다. 먼저 그 차이를 인정하는 것이 중요하다.

일반인이 부자를 만나는 일은 흔하지 않다. 부자들은 한동네에 모여 살면서 부자들끼리 교류하기 때문이다. 세상에는 만나기 힘든 사람이 셋 있는

데 첫째는 대통령, 둘째는 연예인, 마지막이 부자라는 말도 있지 않던가. 강북에 사는 사람이 강남에 가면 부자를 만날 수 있지만, 실제로 그들을 느껴본 건 아니다. 화려한 옷차림에 어딘가 여유가 스며든 그들을 어깨 너머로 흘끔 바라볼 뿐이다. 사람이란 아무래도 만나고 부딪히며 친해져야 하는데 일반인과 부자의 경계는 너무도 분명하다. 너무 다르게 살다 보니, 둘이 만나면 엉뚱한 사건 사고가 생기기도 한다.

두 계층이 어울려 살기는 정녕 불가능한 일일까. 물과 기름처럼 섞이기 어렵다면, 일반인이 부자가 되어 직접 경험해보는 수도 있다. 부자가 일반인이 되는 것보다는 일반인이 부자가 되는 게 더 긍정적인 결과가 나올 것이다.

아닌 게 아니라 그 사건 이후로 강사는 큰 깨달음을 얻었다고 한다. 전에는 돈을 버는 대로 쓰기에 바빴는데, 생각이 달라졌다는 것이다. 부잣집 사모님만큼은 아니더라도 돈에 구애받지 않고 원하는 만큼 쓸 수 있는 삶을 살고 싶다는 생각에 적금부터 붓기 시작했단다. 나는 그에게 잘 생각했다고 말해주었다. 부자를 이해하기 위한 가장 빠른 방법은 나도 부자가 되는 것이니까.

34

부자와 부자 애기를 하라
"쉿, 지금 다른 부자들은…"

사람들은 내가 부자를 자주 만날 거라 미루어 짐작한다. 그러나 나는 부자보다 부자에게 비즈니스를 하는 사람을 더 많이 만난다. 부자학개론을 가르치는 데 필요한 지식을 쌓기 위해서다.

사실 그 사람에 대해 잘 알려면 그의 친구를 보는 것이 더 좋은 방법이다. 나는 부자와 만나는 비즈니스맨들을 만나서 부자를 들여다보고, 우리도 부자가 될 수 있는 방법을 캐낸다. 현장에서 부자와 부딪치고 그들과 돈 거래를 하는 비즈니스맨들이야말로 생생한 증인이다. 그들은 나에게 입을 모아 이런 교훈을 전해주었다.

"부자와 돈 이야기를 하세요. 특히 다른 부자들 이야기를 해주면 흥미를 보일 것입니다. 그러면 자연스레 당신의 제품과 서비스를 구매해줄 거예요. 그러나 그것은 당신에게서 다른 부자 이야기를 들은 대가일 뿐입니다.”

부자에게 다른 부자 이야기를 들려주는 것으로 성공할 수 있다니 무슨 소리인가 할 것이다. 앞에 있는 부자에게 집중하는 게 아니라 또 다른 부자의 이야기를 하라고 충고하는 까닭은 이렇다.

우리가 부촌이라고 부르는 동네가 몇 군데 있다. 그곳에 부자들 몇 명이 모여서 집을 짓는다. 집은 각각 짓고, 담장을 공동으로 치는 식이다. 그리고 공동경비원을 두어 관리하게 한다. 각자 사생활의 자유를 유지하면서 뜻 맞는 사람들끼리 어울려 살자는 취지다. 내로라하는 부자늘이 모였으니 자연스럽게 투자클럽을 형성해 해외부동산(미국 로스앤젤레스, 뉴욕, 중국 상하이, 타이, 오스트레일리아 등)을 공동으로 취득하는 일도 생겨난다.

겉으로 보기에는 안락해 보이는 ‘부자월드’이지만 속은 다르다. 가만히 살펴보면 팽팽한 긴장이 흐르는 것을 느낄 수 있다. 만만찮은 무림고수들이 한데 모여 대결을 펼치려는 순간을 지켜보는 느낌이라면 설명이 될까.

부자들이 관심을 두는 것 가운데 하나가 다른 부자의 생활이다. ‘다른 부자는 어떻게 생활할까? 무슨 방법으로 돈을 불리고 있

지?' 물음은 꼬리에 꼬리를 문다. 사회적 지위와 체면이 있으니 대놓고 물어볼 수도 없고, 귀동냥으로 얻어들을 뿐이니 답답하다.

국민의 정부와 참여정부를 거치면서 과거보다 부자 계층의 불안감이 높아지고 있다. 부자들은 '돈을 어떻게 굴리는 게 좋을까'가 최대 관심사가 되었다. 또한 '다른 부자는 나와 다른 어떠한 방법으로 재투자를 할까'에 대한 정보를 얻으려고 애쓴다.

부자는 하루 스물네 시간 중 눈을 뜨고 있는 시간을 돈과 관련하여 보낸다. 돈 생각을 하고, 돈과 관련된 일을 하고, 돈과 연관된 사람을 만난다. 일반인은 하루 중 30분 정도 돈 생각을 하고('오늘 로또나 사야겠다' '월급 타면 제일 먼저 뭘 사지?' 하는 것들), 돈과 관련된 일을 하고(주식을 매매하거나 펀드를 하는 일), 돈과 연관된 사람을 만난다. 이것이 부자와 일반인 사이의 격차를 더 크게 만든다.

당신이 축구선수를 만났다면 야구나 농구 이야기를 해서는 안 된다. 아는 것, 모르는 것을 다 동원하여 축구 이야기를 늘어놓아야 한다. 그래야 두 사람 사이에 공통 화제가 떠오르고 유대감도 생겨날 것이다. 이는 단순하지만 정확한 원리다.

부자를 만났는가? 당장 돈 이야기를 꺼내고, 그들이 궁금하게 생각할 만한 화제를 던져라. 이미 부자는 당신 이야기에 귀를 쫑긋 세우고 있을 것이다.

부자를 보고 '저렇게 되고 싶다'는 허황된 꿈을 늘어놓지만 말고

집요하게 부자를 분석하고 모방하면서 확실한 부자 계획을 세워라.

작지만 뚜렷한 목표가 있다면 이룰 수 있다는 희망도 가까이에 있다.

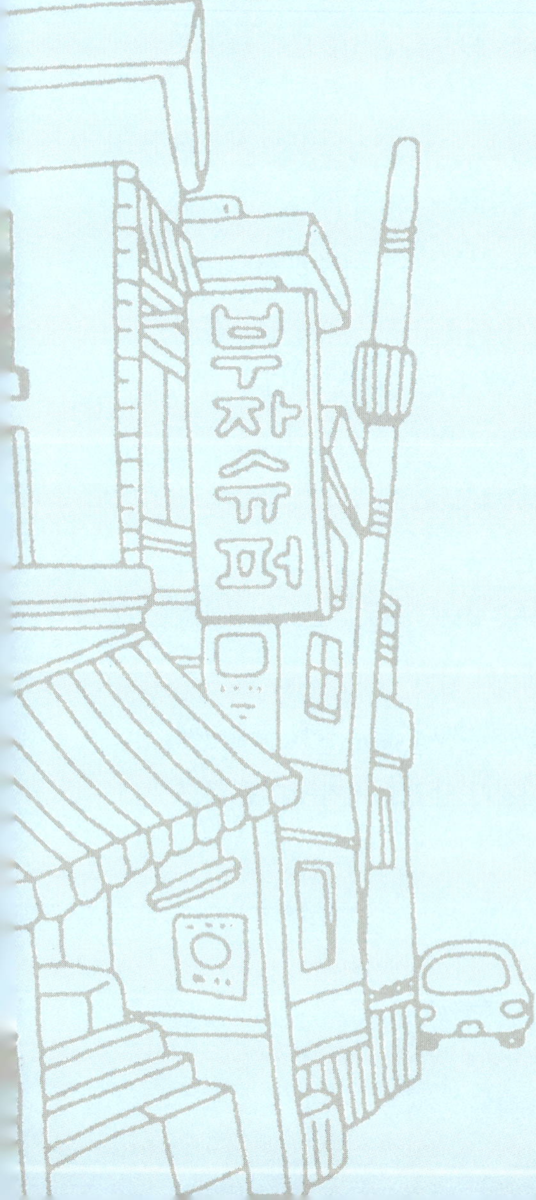

돈의 神이 된 사람들의 남다른 비밀법칙

35

부자가 되는 7가지 습관

공부 잘하는 아이들은 특별한 습관이 있다. 모든 일에 흥미를 가지고 연구하는 습관, 철저하게 분석하여 제 것으로 만드는 습관, 자투리 시간에 복습과 예습을 해서 알차게 활용하는 습관 등이다. 공부 습관이 몸에 밴 아이들은 누가 뭐라 하지 않아도 스스로 공부의 즐거움을 느낀다.

성공하는 사람들에게도 습관이 있다. 잠과 영양이 부족하지 않도록 조절해 하루를 유쾌하게 만들며, 신나고 즐겁게 일한다. 그들은 일과표에 따라 일을 진행하지 기분 내키는 대로, 닥치는 대로 일하지 않는다. 하물며 커피를 마실 시간조차 철저하게 계획하며 마음속으로는 마감 시간을 초 단위로 잰다. 정신을 집중해야 박진감 있게 일할 수 있다고 믿는다. 이것이 성공한 사람의 습관이다.

물론 부자들에게도 습관이 있다. 사소해 보이지만 이런 작은 습관이 그들을 부자로 만들었다는 걸 기억해야 한다.

첫째, 부자들은 더욱 힘든 상황으로 자신을 밀어 넣는다.

월급이 300만 원이라면 아예 200만 원을 딱 잘라 저축한다. 그리고 남은 돈에 생활을 맞춘다. 자신을 어려운 상황에 처하게 하고 적극적으로 극복한다.

둘째, 부자들은 일에 미친다.

사람들은 일을 생계수단이라 여긴다. 그들이 기뻐하는 순간은 한 달에 한 번, 월급날뿐. 그러나 부자들은 일을 사랑한다. 일하는 자체가 인생의 목적이다. 보통 사람은 퇴근 후에 회사와 상관없는 시간을 보내지만, 그들에게 일상과 일은 하나다.

셋째, 부자들은 성공확률이 낮은 일에 도전한다.

보통 사람은 창업하더라도 체인점을 내려고 하지 색다른 사업의 창시자는 되고 싶어하지 않는다. 남들이 한 일을 해야 안심한다. 그러나 부자들은 성공확률이 낮은 일에 몸을 던진다. 분명 실패할 거라고 여겼던 일에서 성공을 거두어 새로운 가치를 만들어 내는 것, 그것이 부자들의 공격적인 습관이다.

넷째, 하루에도 몇 번씩 돈을 확인한다.

부자들의 취미는 돈 세는 일이다. 국내 부자 중에는 통장을 백 개 이상 가진 이들도 꽤 있다. 통장이 백 개나 되니 미처 하나하나 확인하지도 못하겠다고 생각한다면 오산이다. 그들은 매일 통장을 확인한다. 수시로 입출금 내역을 들여다보며 돈이 어떻게 움직이는지 지켜본다.

보통 사람은 대개 통장을 두서너 개 가지고 있지만 철저하게 관리하지 않는다. 어쩌다 한 번 통장 정리를 하며 대충 훑어볼 뿐이다. 자신의 소비 성향을 파악하려고 노력하지도 않는다. 부자의 꿈을 꾼다면 먼저 돈 세기에 취미를 붙여야 한다.

다섯째, 철저하게 자신을 수비한다.

흔히 부자를 일컬어 바늘로 찔러도 피 한 방울 나오지 않을 사람들이라고 비난한다. 그들은 사소한 감정이나 욕구를 다스릴 줄 아는 사람들이다. 우리는 돈보다 자신이 먼저이기 때문에 번번이 그것들에게 지고 만다. 그러나 부자들은 자신보다 돈이 먼저이므로 지지 않는다.

뛰어난 선수는 상대방을 공격하기에 앞서 자신의 공을 지킬 줄 안다. 공격만 앞세우는 건 좋은 경기 태도가 아니다. 지금 발밑의 공을 지켜라. 그것이 게임을 길게 끌고 가는 비법이다.

나는 아침에 일어나 사무실에
나가면 자리에 앉아 읽기 시작한다.
읽은 다음에는 여덟 시간 통화하고,
읽을 거리를 가지고 집으로 돌아와
저녁에는 다시 또 읽는다.
이 것이 나의 하루 일과다.
워렌 버핏의
지독한 독서습관.
부자의 하루를 보면
부자되는 방법이
보여요!
워렌 버핏

여섯째, 텔레비전을 보지 않는다.

부자가 텔레비전에 매달리지 않는 이유는 누군가 떠먹여주는 정보와 지식을 기다리는 건 수동적이라고 여기기 때문이다. 대신 그들은 직접 발로 뛰고 사람들을 만나며 판단한다. 당신의 주말은 어떠한가. 네모난 상자에 갇혀서 시간을 보내고 있지는 않은가. 당장 텔레비전을 끄고 밖으로 나가 세상을 둘러보라. 시간을 절약하는 것은 물론이고, 누구도 알려주지 않는 생생한 정보까지 덤으로 얻을 수 있다.

일곱째, 신용카드를 쓰지 않는다.

우리나라 부자들의 공통점은 대부분 신용카드가 없다는 것이다. 번쩍이는 VIP카드로 가득한 부자들의 지갑을 상상했다면 잘못 생각한 것이다. 흔히 드라마에서 보여주는 것처럼 쇼핑을 잔뜩 하고 카드를 긁어대지도 않는다. 부자들은 신용카드를 좋아하지도 않을뿐더러, 갖고 싶어하지도 않는다. 아니, 대개 신용카드를 경멸하거나 싫어한다. 신용카드를 사용할 때는 당장 지갑에서 돈이 나간다는 느낌이 들지 않는다. 마치 공짜로 얻는 것 같은 허황한 감정은 위험하다. 그것은 공짜 선물이 아니라 빚이다. 언젠가는 갚아야 하고 갚지 못하면 빚이 되어 자신을 옭아맬 것이다.

신용카드를 쓰기 전에 세 번만 참아라. 보통 사람의 지갑을 빵

빵하게 채우는 카드는 사실 그들을 가난하게 만든다. 카드를 보며 든든하다고 생각한다면 반드시 문제가 있다. 부자들에게는 지금 자신이 가지고 있는 현금만이 확실한 재산이다. 신용카드는 자신의 것이 아니라 남의 것이다. 카드를 없앨 수 없다면, 가장 깊숙이 넣어놓고 되도록 꺼내지 않는 것이 부자가 되는 사소하고 특별한 습관이다.

36

실패하는 사람들의 7가지 습관

천주교에서 '내 탓이오' 스티커를 배포한 적이 있다. 도로에서 얌체처럼 끼어드는 차를 보면 화가 치솟아 한마디 하려다가도, 차 유리창에 붙은 '내 탓이오' 스티커를 보면 맥이 빠지곤 한다. 그래, 내 탓이다 내 탓. 남의 탓만 할 게 아니라 내 탓을 하자고 마음을 달래게 된다.

바보들은 남 탓만 한다는 말이 있다. 부자의 실패자도 마찬가지다. 그들은 자신의 잘못이나 부족함을 인정하는 대신에 남 탓으로 돌린다.

"증권사 직원이 주식을 잘못 추천하는 바람에 큰 손해를 봤어."

"그놈의 부동산 중개업자 꼬임에 빠져서 돈을 잃었어."

"악덕 투기꾼 때문에 집값이 올라."

실패자들은 정작 중요한 자신의 판단력을 키우기는커녕 남 탓으로만 돌리기에 급급하다. 그들은 나중에도 똑같은 실패를 반복할 가능성이 높다.

또한 그들은 말로만 떠든다. 구슬이 서 말이라도 꿰어야 보배가 아닌가. 백 가지 아이디어를 구상하는 것보다 한 가지라도 제대로 실천하는 게 중요하다. 그러나 대개 실패자들은 머리로만 알고 실천은 하지 않는다. 말로는 부자가 되겠다고 한다. 그러나 다른 사람들이 부동산을 보러 뛰어다니며 주식시장을 기웃거리고 재테크 관련 도서를 읽으며 내진할 때에 그들은 늦잠을 자고 있다.

그들에게는 정확한 목표가 없다. 그냥 부자가 되고 싶다고 막연하게 생각할 뿐이다. 몇 년 안에 얼마를 벌겠다는 구체적인 목표가 없다. 멀리 보는 장기적 실천계획도 당연히 없다. 미리 목표를 정해두지 않으면 끝까지 가지 못한다.

실패하는 사람들은 쉬운 길만 찾는 것도 특징이다. 돈 많은 부모를 만나거나 특별한 재능이 있지 않는 한, 평범한 사람이 부자가 되려면 남보다 부지런해야 하는 건 상식이다. 유행 따라 옷을 사 입고 맛있다는 음식을 다 사먹으면서 부자가 될 수는 없다. 남들에게 꿀리기 싫다고 돈 쓰는 일에 앞장서면서 부자가 되기를 꿈꾼다는 것은 얼마나 어리석은가.

실패자에게는 좋은 친구가 없다. 다른 사람들과 협조하며 성공의 길을 간다면 쉽고도 빠르게 갈 수 있다. 정보는 인간관계를 통해서 전달된다. 몇 년간 좋은 정보가 없다는 것은 인간관계에 문제가 있다는 뜻이다. 우리를 부자로 만들어주는 것은 바로 사람이다. 사람에 투자하라. 최고의 수익률은 주식도 부동산도 아닌, 바로 사람이다.

실패자들은 작은 돈을 소홀히 하는 사람이다. 푼돈 아껴서 뭐 하나, 생각하는 사람은 부자가 되기 어렵다. 큰 화재의 시작은 작은 담뱃불 하나라는 것을 잊지 말라. 자투리 돈을 관리하지 못하는 사람은 큰 돈도 관리하지 못한다.

마지막으로 실패자들은 너무 빨리 단념한다. 미국의 한 통계에 따르면 투자하고 나서 처음 10년간은 돈을 벌지 못한다고 한다. 그러나 사람들은 십 년 이상 투자를 계속하지 않는다. 십 년이나 투자했는데 되지 않았으니 그만두자는 것이다. 투자도 운동과 같아서 연습이 필요하다. 처음부터 백 미터를 18초에 뛸 수는 없는 일이다. 인라인 스케이트를 신자마자 달려 나가는 사람은 없다. 그동안 투자로 날린 돈은 헛된 돈이 아니다. 인생을 배우는 수업료다.

이 일곱 가지 습관은 사실 부
자 되기에 실패한 사람만의
특징은 아닐 것이다. 삶을 꾸
려가는 사람이라면 누구에
게나 해당된다. 그러나 부
자는 잘못된 습관에서 벗어
나도록 의도적으로 훈련하
는 사람들이다. 그것이 성공
과 실패를 가르는 칼이다.

37

부자만
만나고 생각하고 꿈꿔라

2000년대에 들어서 대한민국의 사회적 이슈는 '부유한 사회'다. 2010년대는 국민소득이 2만 달러에서 3만 달러로 도약하는 부유한 사회를 지향한다. 평생 모아야 1억 원짜리 통장 하나 만들기 힘든 보통 사람은 10억의 꿈을 이루려고 기를 쓰며 노력한다. 10억 만들기 관련 도서를 읽고, 주마다 로또를 사고, 경륜이나 경마에 매달린다. 심한 경우에는 마약밀수도 한다. 그러나 10억 만들기는 여전히 만만한 일이 아니다.

대한민국 국민 중에서 10억짜리 은행통장을 가진 사람은 30만 명이 안 된다. 50억짜리 통장은 5천 개에 지나지 않는다. 종합소득

세 5억 이상을 신고한 사람은 5천여 명뿐이다. 1억 이상의 연봉을 받는 기업체 임원은 7만여 명에 지나지 않고 1억 이상을 버는 자영업자는 세금을 명확히 신고하지 않아 정확한 추산은 어렵지만, 대략 20만 명 이내로 본다.

대한민국 개인적금 총액은 수백조 원에 불과하다. 이것을 10억으로 나누면 수십만 명이 된다. 다시 말해 현재와 같은 수준에서는 몇십만 명만이 개인소득 10억을 소유할 수 있다는 것이다. 물론 이것도 힘들다. 현금을 500억 원 가진 사람도 서너 명 되고 100억짜리 계좌도 수백 개에 달한다.

10억 만들기라는 사회적 이슈를 따라가기는 그리 쉽지 않다. 대한민국 전체 은행예금을 공평하게 10억씩 나눠가져도 10억 부자는 몇십만 명밖에 될 수 없는데 보통 사람은 오늘도 10억을 꿈꾼다. 수출이나 신기술 개발을 통한 국가의 부가 현재보다 수십 배 증가해도 10억 부자는 대한민국에 몇백만 명밖에 안 된다.

산업화 시대 이후 우리나라에는 크게 두 가지 인플레가 생겼다. 하나는 경제적 인플레이고 또 다른 하나는 심리적 인플레다.

경제적 인플레는 많은 사람이 국민소득이 2천 달러에서 2만 달러 시대로 옮겨가면서 생활기반이 좋아진 것을 뜻한다. 돈 많은 사람은 진짜 프라다 백을 산다. 보통 사람은 가짜 프라다인 파고다

당신은 얼마짜리 꿈을
키우고 계시나요?

백을 산다. 부자는 곰발바닥 요리를 먹고 보통 사람은 돼지껍데기를 먹는다. 강남 사람은 BMW를 소나타처럼 타고 다니고 강북 사람은 진짜 소나타를 탄다. 경제적 인플레 상태가 되면서 많은 사람이 어느 정도 풍요로운 세월을 보내고 있다.

그렇다면 심리적 인플레란 무엇일까. 국민소득이 2만 달러를 넘어서면 자연스럽게 나오는 현상 가운데 사회적 모방 현상이 있다. 돈 많은 사람이 마케도니아 관광을 다녀왔다고 자랑하면, 보통 사람은 못가도 발리에는 다녀온다. '누구는 하는데 나라고 못할 게 있나. 돈 많은 집안에서 아들딸 과외선생을 수입자동차로 모셔온다면, 나는 택시로라도 모셔야지…' 사회적 모방현상이 산업발전에 이득이 될 수도 있고, 손실이 될 수도 있다.

이득이 되는 면은 사회적인 수요를 확대하면서 경제 재생산의 기초가 된다. 부자의 과소비를 전체 사회로 확산시킨다는 의미다. 손실이 되는 면은 가진 돈보다 더 많은 욕구를 무의식중에 불어넣는다. 사회적 모방이 개인적 모방이 되면서 사회 전체는 부자가 되는 꿈을 꾸게 되고 사회적인 병에 전염된다.

10억 만들기는 단지 스쳐가는 꿈에 지나지 않을 수도 있다. 10억을 만들자고 마음속으로 다짐하고 실행에 옮겨 사회적 부가가치를 창출하면서 돈을 모으는 길을 찾아야 한다. 남극탐험대에 참

여해서 미생물을 발견하든지, 전기자동차를 개발하든지, 일 년에 한 번만 닦아도 충치가 예방되는 치약을 만들어야 한다.

우리나라의 부자들은 부자 마인드를 확실하게 가지고 있다. 초인적으로 절약하고 하루에 열일곱 시간 이상 돈을 생각하면서 보낸다. 그들은 졸지에 하늘에서 뚝 떨어진 몇 억을 주운 게 아니라, 10원, 50원 동전을 모아 부자가 되었다.

부자를 보고 '저렇게 되고 싶다'는 허황된 꿈을 늘어놓지만 말고 집요하게 부자를 분석하고 모방하면서 확실한 부자 계획을 세워라. 작지만 뚜렷한 목표가 있다면 이룰 수 있다는 희망도 가까이에 있다.

38

부자 되는 공부는
따로 있다

예선에 텔레비전에서 어느 자동차 광고를 보고 낳은 생각을 한 적이 있다. 한 아버지가 근사한 승용차에 아들을 태우고 운동장으로 들어간다. 아이는 아버지가 사준 선물을 친구들에게 나누어준다. 그리고 다시 아버지의 차를 타고 유유히 학교를 빠져나온다. 아이들은 유리창에 달라붙어 부럽다는 듯 쳐다본다. 아들은 행복한 미소를 짓는다.

따져보나마나 이 광고의 키워드는 '부자 아빠' 다. 부자인 아빠는 아이들의 자랑이 되고 자부심이 된다. 그렇다면 가난한 아빠는 어떨까. 자가용은커녕 자전거도 없는 아빠여서 학교에 데려다 주

현명한 우리 아빠

오늘은 아빠에게 낚시를 배우는 날이다.
우리 아빠는 누구라도 알아주는 훌륭한 낚시꾼이다.

하지만 아빠가 잡은 고기로
먹고 살 작정만 한다면 넌
이 고기들처럼 오히려
낚이는 신세가 되고 말 거야!
마지막 말은
협박인가요?
충고란다.

우리 아빠 멋쟁이! 

지도 못한다. 그러면 가난한 아빠는 자식들에게 부끄럽고 못난 존재이어야 하는 걸까.

나는 그 광고를 보면서 우리 사회에 부는 '부자 아빠' 열풍에 대해 생각해보았다. 과연 아빠가 부자가 되는 것이 중요한 일인지 잘 모르겠다. 왜 우리는 이미 한 세대를 건너온 아빠들에게 부자가 되기를 강요하는 것일까. 곧 다가올 세상을 거머쥘 아이들을 부자로 만드는 것이 더욱 필요한 일이 아닌가. 부자 아빠가 아니라 부자 아들, 부자 딸을 만들어야 한다. 부자 아빠가 되겠다고 혼자 애쓰며 마음고생하지 않았으면 좋겠다. 그 시간과 정열을 아이들에게 부자 교육을 시키는 데 써야 하니까 말이다.

부모 마음은 누구나 자녀를 부자로 만들고 싶을 것이다. 요즘 부모들은 돼지저금통과 은행통장을 주며 경제교육을 시킨다고 난리다. 공부 잘하는 사람이 부자가 될 거라 믿으며 온갖 과외를 시키고 학원에 보낸다. 좋은 대학에 가야 한다는 목표 하나에 중고등학교 시절을 몽땅 바치도록 강요한다. 이렇게 해야 나중에 잘살 거라고 믿고 안심한다. 그러나 자녀를 꼭 부자로 만들고 싶으면 대학에 보내지 말라고 충고하고 싶다. 부자가 되는 교육법은 따로 있다. 지금 우리 아이들에게 필요한 것은 부자 교육이다.

우선 어렸을 때부터 아이에게 부자가 된 사람들의 성공 이야기를 가르쳐준다. 어릴 적부터 돈의 무서움을 깨우쳐주어야 한다. 돈의 힘으로 사람의 마음까지 움직일 수 있다는 걸 어렴풋이 깨닫게 하라. 돈은 새로운 가치를 개발할 때 생겨난다는 걸 가르쳐주어라. 아이가 스스로 용돈기입장을 쓰고 돈을 벌 궁리를 한다면 벌써 어린 부자가 된 것이다. 가장 중요한 것 한 가지. 전 세계 부자들의 근검절약 정신을 강조하라. 아이는 돈을 멋대로 펑펑 쓰는 게 부자가 아니라는 사실을 배우게 될 것이다. 야무지고 수학적이며 미래를 내다보는 아이로 자라날 것이다.

다른 나라의 경우는 어떨까. 네덜란드의 어린이들은 주말마다 자체적으로 벼룩시장을 연다. 학교에서도 적극 권하는 일이고, 부모들도 딱히 간섭하지 않는다. 저희늘끼리 수체적으로 이루어나가는 경제활동이다. 아이들은 저마다 집에서 물건을 가지고 나와 자리를 잡는다. 어떤 물건이 잘 팔릴까에 대해 고민하고 직접 가격을 매긴다. 벼룩시장에서는 아이들이 고래고래 소리를 지르거나 노래와 춤으로 손님을 유인하는 재미있는 광경을 볼 수 있다. 홍보문구가 적힌 티셔츠를 입고 모자를 쓰는 창의적인 방법도 동원된다. 어른들이 보기엔 아이들 장난 같아 보이겠지만, 이것은 엄연한 개인 사업체다. 돈이 오고가는 과정에서 아이들은 장사하기 좋은 몫을 고르는 법과 어떻게 해야 사람들의 시선을 끄는지에 대한

광고 전략 등을 익힐 수 있다. 원 플러스 원 전략과 많이 살수록 할인폭을 크게 해주는 마케팅까지 배운다. 또한 시장경제의 순환에 대해서도 선생님 없이 체험하며 익힌다. 이런 교육이 있었기에 네덜란드는 세계적인 무역국가가 될 수 있었다.

나는 세상이 부자 아빠로 가득 차기를 원하지 않는다. 부자 아빠는 부자 아이밖에 만들 수 없지만, 부자 아이들은 부자 나라를 만들 수 있다. 앞서 자수성가형 부자와 상속형 부자에 대해 이야기했다. 아이들을 사랑한다면 물고기를 잡아주지 말고 물고기 잡는 법을 가르쳐주자. 그래서 우리 아이들이 자기 힘으로 물고기를 잡아 배불리 먹도록 격려해주자.

39

토머스 스탠리의 부자가 되는 7가지 요소

부자에 대해 연구하고, 부사가 뇌는 방법을 사람늘에게 알려주는 일을 하는 까닭에 사람들에게 질문을 많이 받는다. 사람들이 물어보는 것은 대개 두 가지다.

"어떻게 하면 부자가 될 수 있나요?"

"주위에 있는 부자들을 소개해줄 수 없나요?"

참으로 난감하기 짝이 없는 질문이다. 몇 마디 말로 부자 되는 비법을 전수받을 수 있다고 생각하거나 부자를 알게 되면 당장 그 사람처럼 부자가 될 거라고 생각하는 모양이다. 이런 질문을 받으면 퍽이나 씁쓸하고 갑갑해진다.

부자에 대해 공부하면서 절실히 느낀 것이 한 가지 있다. 부자가 되려면 확실한 기본자세가 필요하다는 것이다. 집을 지을 때 가장 먼저 세워야 할 것은 지붕이 아니라 기둥이다. '부자가 되고 싶다' 는 욕심은 허공에 둥둥 뜬 지붕이다. '어떻게 부자가 될 것인가' 가 바로 꿈을 이루는 기둥이다.

부자가 되는 기초공사는 무엇일까. 우선 부자들은 돈에 투철하다. 돈이 무엇인지, 돈의 흐름이 어떻게 돌아가는지 본능적으로 알아낸다. 그들이 대중보다 특별한 감각을 타고났거나 자본주의적 지능이 높은 것일까. 그렇지 않다. 자기에게 맞는 자세를 터득해 끊임없이 체력을 연마했기 때문에 가능했다.

타이거 우즈가 골프 연습벌레라면 부자는 돈을 버는 연습벌레다. 나는 골프 코치처럼 부자라는 홀에 공을 넣는 방법을 조언해주고 잘못된 습관을 교정해주는 멘토(조언자)가 되고 싶을 뿐이다. 질문하는 사람을 모두 프로골프 선수로 만들어주지는 못한다. 그러나 그들이 올바르게 골프채를 잡고 있는지는 말해줄 수 있다.

사실 부자 되기는 원리상으로 보면 간단하다. 벌어들인 것보다 덜 쓰면 남고, 남은 것을 끊임없이 불리면 된다. 한때 내가 문하에

들어가 공부했던 미국의 부자 연구가 토머스 스탠리는 20여 년
동안 연구한 끝에 부자가 되는 일곱 가지 요소를 발표했다. 자세
히 살펴보면 이 간단한 원리는 우리 삶에 바로 적용할 수 있음을
알 수 있다.

1. 부자는 자신의 부에 비해 훨씬 검소하게 생활한다.

2. 부자는 부를 축적하는 데 도움이 되도록 시간과 에너지와 돈을 효율적으로 할당한다.

3. 부자는 상류층이라는 사회적 지위를 과시하는 것보다 재정적 독립을 더 중요시한다.

4. 부자는 성인 자녀에게 경제적 보조를 하지 않는다.

5. 부자의 성인 자녀들은 경제적인 면에서 자립적이다.

6. 부자는 돈 벌 기회를 잡는 데 능숙하다.

7. 부자는 자신에게 맞는 적절한 직업을 선택한다.

어떤가. 생각보다 아주 간단하지 않은가. 내가 부자가 되는 일곱 가지 요소를 알려주자 누군가는 정말로 그게 다냐고 다시 물었다. 뭔가 대단한 비법이 있는 줄 알았다며 허탈함까지 드러냈다. 그러나 이것이 진실이다. 부자가 되는 요소는 현실 속에 충분히 존재한다. 누구나 이 일곱 가지 원칙을 지킨다면 부자가 될 수 있다. 그러나 이는 아무나 이루지는 못한다. 쉬워 보이지만 어렵고, 간단해 보이지만 삶을 걸어야 하는 일이다. 하나하나 곱씹어보며 문장의 숨은 뜻을 음미해보라. 그것이 기초공사의 시작이다.

40
당신이 부자가 될 확률,
96%

어릴 석에는 내가 커서 어떤 사람이 될지 참 궁금했다. 어른들이 뭐가 되고 싶으냐고 물어보면 대답하기가 가장 힘들었다. 커서 무엇이 될지 내가 어떻게 안단 말인가. 알고 있으면 가르쳐달라고 오히려 내가 묻고 싶었다.

그럴 때 누군가 나타나 내가 무엇이 될 것인지 알려주면 좋겠다고 생각했다. 동화책에 나오는 요정이나 천사가 정말로 있다면, 꿈에 나타나서 대통령이 될 확률 몇 퍼센트, 의사가 될 확률 몇 퍼센트, 만화방 주인이 될 확률은 몇 퍼센트라고 알려준다면 속이 얼마나 시원할까?

인생에도 확률이란 게 존재한다면 어떨까. 학교 다닐 때 받아본 모의고사 성적표처럼 말이다. 어느 대학에 갈 수 있는 정도의 성적인지 계산되어 나오지 않는가. 절망적이기도 하고 한심하게 느껴질 때도 있었지만, 스스로 돌아보고 계획을 세우는 데 큰 도움이 되었다. 확률을 맹신할 필요는 없지만, 참고가 되는 건 분명한 사실이다.

부자가 될 확률을 수치로 따져보면 재미있는 결과를 확인할 수 있다. 비즈니스 60%, 절약 25%, 정보 7%, 인맥 4%, 출생 2%, 결혼 1%, 행운 1%의 순이다. 역시나 확률이 가장 높은 것은 발로 뛰어다니며 일하는 것이다. 부모를 잘 만나야 부자가 된다는 삐딱한 시선을 바로잡아주는 부분이기도 하다. 두 번째는 역시 절약이다. 아끼는 사람만이 부자가 될 수 있다. 그들은 당장의 즐거움과 사치에 취하지 않고 미래를 위해 허리띠를 졸라맨다. 그러면 지금의 인내와 고난은 나중에 몇 배의 가치가 되어 돌아온다.

세 번째는 정보력이다. 부자가 하늘에서 뚝 떨어지거나 땅에서 솟아난 게 아니라는 사실을 이해하고, 어떻게 부자가 되었는지 파헤치는 능력을 말한다. 주식과 부동산 등 투자에 호기심을 가지고 끊임없이 탐구하는 사람이 부자가 된다. 공부하지 않는 자는 아무것도 얻지 못한다. 평범하지만 그것이 진리다.

비즈니스
(60%)
절약
(25%)
정보
(7%)
인맥
(4%)
행운
(1%)
출생 (2%)
결혼 (1%)
고작 4%에 낙담할 것인가?
96%의 희망을 품을 것인가!
부 자
누구에게나 기회는 있다

오지랖과 마당발을 이용한 인맥도 여기에 포함된다. 인생에서 '누구를 만나는가' 는 우리가 '어떤 사람이 되는가' 에 지대한 영향을 미친다. 부자는 사람을 대개 세 부류로 나눈다. 나를 더욱 큰 부자로 만들어줄 사람, 나에게 부탁을 하러 올 사람, 내 재산을 빼앗아 갈 사람이다. 부자는 본능적으로 자신에게 이득이 될지 피해가 될지를 알아챈다. 물론 그 짐작이 틀리면 큰 손해를 볼 수도 있고, 이익을 놓칠 수도 있다. 이러니 부자는 모든 사람에게 마음을 열지 못한다. 그러나 인맥을 탄탄하게 다지는 데에는 노력을 아끼지 않는다. 인맥이 사회생활의 발판이 되는 것은 누구에게나 마찬가지인 것 같다.

가장 낮은 확률로 드디어 출생과 결혼을 만나게 된다. 이렇게 부자가 된다면 얼마나 편할까 하고 한숨짓는 사람들이 보이는 듯하다. 하지만 확률에서 보여주듯이 출생과 결혼은 극히 낮은 수치다. 단지 출생 2%, 결혼 1% 정도일 뿐이다. 이런 방법으로 부자가 되기는 그만큼 어렵다는 뜻이다. 질투하거나 분노할 것이 아니라, 오히려 기뻐할 일이다. 이렇게 낮은 수치라면 내가 부자가 될 수도 있겠구나 하고 기대할 수 있으니까.

마지막 1%는 행운이다. 로또복권에 당첨되거나 카지노에서 잭팟을 터뜨리는 사람이 여기 해당될 것이다. 경마나 경륜에서 승리

하거나 우연히 땅값이 폭등해 부자가 될 수도 있다. 이런 사람을 우리는 졸부라고 한다. 그리고 모두 알다시피, 쉽게 얻은 것은 쉽게 사라지게 마련이다. 긴 시간 동안 부자학을 연구했지만, 로또로 부자가 되어 3대가 잘살았다는 사람은 여태껏 보지 못했다. 또한 도박으로 큰 부자가 되어 떵떵거리고 사는 사람도 없다. 찾아올지 안 올지도 모르는 요행을 바라는 것은, 감나무 밑에서 입을 벌리고 감이 떨어지기를 기다리는 일과 무엇이 다르겠는가. 행운을 기대하고 있다면 일찌감치 포기하는 것이 좋다. 감이 먹고 싶다면 직접 나무 위에 올라가 따는 수밖에 없으니까.

부자가 될 확률을 살펴보니 어떠한가. 비즈니스 60%, 절약 25%, 정보 7%, 인맥 4%였다. 이는 누구나 할 수 있는 것들이다. 부지런히 일하고 알뜰하게 저축하면 부자가 된다. 정보를 캐내고 인맥을 다지면 부자가 된다. 우리가 쉽게 얻기 힘든 출생이나 결혼, 행운 따위는 전부 합쳐도 고작 4%에 지나지 않았다.

그러므로 보통 사람이 부자가 될 확률은 96%나 되는 셈이다. 이 확률을 보고, 당신 마음속에 새로운 희망과 열정의 씨앗이 뿌려졌기를 기원한다. 당신은 부자가 될 96%의 확률을 가진 사람이니까.

41

청년들이여,
먼 미래에 도전하라

요즘 청년실업이 사회적인 문제가 되고 있다. 일자리는 줄어들고 사람들은 남아돈다. 젊은 일꾼들이 일하지 못하고 노닥거리는 세상이 되고 있다. 경제학적으로 보아 얼마나 큰 손실인지 모른다. 대학교에서 학생을 가르치는 나로서도 걱정이 이만저만이 아니다. 많은 제자들이 두려운 마음으로 대학 울타리를 떠나간다. 반겨주는 이 없는 세상으로 나아가는 학생들의 축 처진 어깨를 보면 가슴이 아프다. 나는 그들에게 이렇게 말해주고 싶다.

"애들아, 아직 직장을 못 구했더라도 초조해하거나 두려워할 필요는 없단다. 언젠가는 너희를 원하는 회사를 만날 테니까. 그전에 우선 아르바이트라도 하면서 경험을 쌓아라. 하지만 대충 하지 말고 제대로 해야 한다. 아르바이트를 우습게 여기면 안 된다.”

같은 아르바이트라도 부자가 될 사람은 선택하는 것이 다르다. 그저 시간 때우고 당장 쓸 돈을 벌기 위해 일하지 않는다. 미래의 부자는 24시간 편의점이나 대형 할인점 같은 곳에서 일거리를 찾는다.

이런 곳은 물론 낮에 잠깐씩 하는 아르바이트에 비해서 몸은 고되다. 친구들이 편하게 일할 때 땀 흘리며 움직여야 하고, 다른 사람들이 잠잘 때 깨어 있어야 한다. 그러나 이런 곳에서 일하면 자연스럽게 물류의 흐름을 알게 된다. 세상 사람들이 어떤 종류의 상품을 원하고, 어떤 상품을 찾아서 구매하며, 돈이 어떻게 흘러 다니는지 체험할 수 있다. 그러다 보면 어느 분야에서 뛰어야 할지 보는 눈이 생긴다.

일자리가 없다고 투덜대며 신축건물에서 벽돌 나르기 아르바이트를 한다고 생각해보자. 나중에 벽돌공장을 운영할 작정이라면 모를까, 그게 아니라면 평생 직업을 준비하는 사람에게는 상당히 비효율적인 일이다.

앞서 이야기한 부자가 되는 일곱 가지 요소를 자세히 살펴보라. 맨 마지막에 토머스 스탠리는 ‘부자는 자신에게 맞는 적절한 직업

을 선택한다’라고 강조했다. 닥치는 대로 일하지 마라. 지금은 작
고 사소하게 느껴지는 일이 미래를 결정짓는다는 사실을 깨우쳐
야 한다.

그다음 중요한 것은 검소하게 살면서 돈을 모으는 일이다. 조금
이라도 돈을 모아야 무언가를 도모할 수 있다. 인간사회에서는 사
람이 사람을 부르고 돈이 돈을 부르는 법이다. 쌈짓돈부터 모아봐
야 돈맛을 알게 되고 부자의 생리를 익히게 된다.

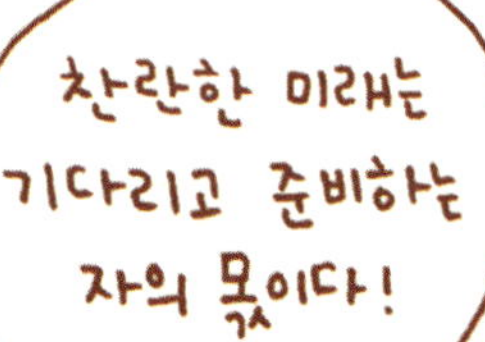

이 글을 읽는 당신이 한 달에 30만 원씩 모으겠다는 목표를 세웠다고 하자. 매달 계속해서 그렇게 모을 수 있다면, 당신은 돈을 많이 버는 것과 상관없이 부자가 될 재능과 마인드가 충분히 있다. 또는 부자 될 준비를 확실히 하는 사람이다. 왜냐하면 장기적인 목표를 꾸준히 진행하고 성취하는 것은 결코 쉽지 않은 덕목이기 때문이다.

이 땅의 청년들은 살아가기가 너무도 힘겹다. 불가항력적으로 놀아야만 하는 청춘들이 안쓰럽다. 물론 지금은 일자리를 구하기도 어렵거니와 주머니는 텅 비어 어디에든 취직하고 싶을 것이다. 꿈이니 장래의 포부니 전부 배부른 소리고, 월급만 제때 나온다면 당장이라도 일하고 싶을 것이다. 그러나 지금 현실과 타협한다면 아름다운 미래는 저만치 달아난다. 그러니 청년들이여, 돈보다 미래를 보라.

42

21세기 부자의
5대 비결

1. 이야기를 팝니다

인류가 발명한 것 중 가장 위대한 것은 '이야기' 라고 생각한다. 돈 버는 방법도 어느 정도 이야기와 관련이 있다. 이야기를 활자화 해 돈을 버는 신문, 잡지, 출판 사업이 바로 그것이다. 이야기로 돈을 버는 방송, 교육, 학원, 컨설팅 사업도 있다. 이야기를 노래로 바꾸어 돈을 버는 음반, 뮤지컬 사업을 생각해보라. 이것이 이야기 전략(story strategy)이다.

우리나라에서 처음으로 부자학개론을 만든 나는 부자 이야기를 해서 돈을 번다. 부자 이야기를 글로 써 팔고, 부자 이야기를 말로

해 돈을 번다. 그렇다면 나는 부자 이야기를 어떻게 알았을까. 미국까지 날아가 공부하면서 교수들에게 배웠고, 한국의 부자들에게 물건 파는 회사들의 자문교수를 하면서 현장에서 배웠으며 부자들과 만나 식사하면서 배웠다. 내가 만나고 만든 이야기들이 결국 나를 만든 셈이다.

이야기를 팔겠다고 결심했다면 주의할 점 한 가지. 아무리 좋아하는 사람이 하는 이야기라도 두 번 이상 들으면 식상해진다는 것이다. 같은 이야기를 재탕하는 방송을 보면 가차 없이 채널을 돌린다. 이야기는 언제나 새로워야 돈이 된다. 새로운 이야기(creative story)를 만드는 것이 부자 되는 지름길이다. 새로운 이야기, 재미있는 이야기를 찾아내어 부자가 되어라.

2. 입을 주목하라!

당신은 당신의 몸 어느 곳에 돈을 제일 많이 쓴다고 생각하는가? 옷? 화장품? 미용실? 전부 아니다. 입으로 들어가는 돈이 가장 많다. 우리나라에서 돈 버는 사업은 음식점, 술집, 노래방 같은 것들이다. 먹고, 마시고, 부르고…. 인간의 입과 관련된 수요가 많기 때문이다. 당신이 돈을 벌고 싶다면 입과 관련된 사업을 해야 한다.

인간의 몸에서 가장 민감한 부분도 바로 혀다. 최고급 의상의

개척할 새로운 시장은
아직도 얼마든지 있어!
확신을 가지고
포기하지 않는다면
내가 걷는 이곳이 곧
길이 될 거야.

품질검사는 전부 혀로 한다. 1,900만 원 정도 되는 이탈리아 양복은 실을 하도 가느다랗게 뽑아 만들어서 새털같이 가볍다. 이 양복이 완성되면 혀로 핥아본다고 한다. 그러면 양복을 제대로 만들었는지 안다는 것이다.

음식 장사는 혀가 성패를 판가름한다. 음식 사업으로 성공한 사람들이 비결로 꼽는 공통점은 '좋은 재료로 정성들여 만들어야 인기가 지속된다는 것'이다.

껌과 초콜릿으로 국내 시장을 장악한 업체의 회장님은 치아가 하나도 없어 틀니를 사용한다. 새로운 제품을 시장에 내놓거나 생산된 제품을 최종판매하기 전에 자신의 입으로 꼭 테스트를 했기 때문이다. 회사를 둘러볼 때도 새로 나온 껌과 조콜릿을 쉴 새 없이 입에 넣으며 걸었다. 그러니 이가 성할 리가 있겠는가. 물론 그 대가로 엄청난 재산가가 되었다. 그는 말한다. 자기 입에 안 맞는 것을 남에게 먹이려는 사람은 절대로 부자가 될 수 없다고.

입은 인간이 존재하는 한 계속 사용하는 부분이다. 장사를 하려거든 인간의 입에 주목하라.

3. 적립식 펀드는 적당히 펀드

유행이라면 감기까지도 덜컥 걸리겠다는 사람들. 요새 주식이 뜨니까 모아둔 돈 빼서 '묻지 마 투자'를 하는 사람들이 많다. 그 중 마음 약한 사람은 프로가 관리해주는 적립식 펀드에 가입한다. 증권회사가 수십 개에 은행도 10여 개가 넘으니 적립식 펀드가 남아돈다. 한군데에 몰아 투자했다가 실패할 수도 있으니 안전하게 분산투자해야 한다면서 수십 개 증권회사에 찾아가 한 달에 10만 원짜리 펀드에 수십 개 가입한다. 그리고 '증권사가 한꺼번에 망할 리 없으니 언젠가는 부자가 되겠지'라고 생각하는 사람도 보았다.

적립식 펀드 개념이 생긴 초기에는 미국도 이와 비슷했다. 그러다가 사람들이 적립식 펀드의 장점과 위험성을 함께 느끼면서 숫자를 통제하기 시작했다. 그들이 강조하는 것의 공통점은 "적립식 펀드는 서너 개에서 최대 일곱 개까지만 들어라"라는 것이다.

펀드는 원래 한 번에 집어넣는 거치식으로 시작했다. 그러나 돈이 없는 사람들이 거치식에 부담을 느끼거나, 한 번에 몰아넣었다가 모두 날릴지도 모른다는 생각에 매월 쪼개서 넣으면 안전할 거라는 인식이 퍼졌다. 또한 매달 일정액을 넣으면 주식이 오를 때는 조금 사고, 내릴 때는 많이 살 수 있는 이점이 있었다. 매월 정기적으로 사니까 주식매입 대금이 낮아져 이득이라는 것이다. 우리나라 증권사와 은행에서는 이 부분을 강조하면서 적립식 펀드에 가입하라고 권한다.

그러나 적립식 펀드의 단점 중 하나는 펀드가 잘 안 되는 경우에는 한 번에 이득이 없어진다는 것이다. 적립식으로 매월 집어넣는 경우, 주가가 빠져서 수익성이 떨어지면 펀드환매가 급증하게 된다. 해약하는 사람들을 위해 펀드매니저는 주식을 팔아 그 돈을 내준다. 매월 저축하는 사람의 돈을 환매하는 사람들에게 주는 것이다. 이것을 미국에서는 달러 로스트 에버리징(Dollar Lost Averaging)이라고 한다. 한국의 부자투자전문가 수백 명을 만나보았지만, 누구도 이 사실을 말하지 않았다. 우리나라에는 이런 사실을 아는 사람이 적거나 '말하지 않는 금기로 여긴다는 것'이다.

적립식 펀드가 내리막길일 때 머뭇거리다 보면 엄청난 것을 놓칠 수 있다. 자기 돈이 다른 사람 환불해주는 데 사용되다가 아차 하는 순간에 날아갈지 모른다. 적립식 펀드는 서너 개 정도만 들어두고, 나머지는 다른 형태의 자산에 투자하는 것이 현명한 투자방법이다.

4. 부자는 청개구리

빌 게이츠는 아무도 꿈꾸지 못하던 일을 해냈다. 냉장고만 한

컴퓨터를 손바닥만 하게 바꾸겠다는 혁명적인 생각으로 부자가
되었다. 처음 그가 이 이야기를 꺼냈을 때, 반응이 신통치 않았다
는 사실을 기억하자.

열 사람에게 말했는데 아홉 사람이 반대하면 그것은 위험하다
는 신호다. 다시 말해 보통 상식으로는 하기 힘든 일이라는 뜻이
다. 반대이유를 분석해보라. 그들이 새로운 시장을 보지 못하고
만류했다면 그 일을 바로 실행해도 좋다.

부자가 된다는 것은 무엇일까. 남들이 못 보는 것을 빨리 보는
것이다. 눈에 보이게 만들어놓으면 누구나 볼 수 있다. 그러나 눈
에 보이지 않을 때는 통찰력 있는 사람만 본다.

부자는 '통찰력을 가지고 배짱 있게 밀어붙이는 노력의 화신'이
다. 번뜩이는 개념, 단어, 생각을 차근차근 정리하라. 그리고 그것
을 구체화한 뒤 믿을 수 있는 사람들에게 이야기해라. 말리면 말릴
수록 확률이 높다. 일반인의 머리로는 부자가 생각하는 새로운 개
념을 이해하지 못한다.

어느 부자는 이런 이야기를 했다. "부자는 확신을 가지고 성공
할 때까지 노력하는 사람이고, 부자가 아닌 사람은 아무런 확신도
없이 포기하는 사람이다." 누구나 반대하는 것에 새로운 희망이
있다. 기꺼이 청개구리가 되어라.

5. 아파트는 전부 내 것!

우리나라는 서울을 둘러싼 수도권 공화국이며, 앞으로도 비중이 점점 더 커질 것이다. 사람들이 몰리는 이유는 수도권이 크기 때문이다. 큰 쪽으로 몰리는 것이 돈의 논리다.

수도권에 현재 미분양되는 대형 아파트가 꽤 있다. 웬만한 것은 일단 사두면 10년 뒤 돈이 된다. 인구가 계속 증가하기 때문이다. 출산율이 떨어진다고 걱정하지만, 여하튼 새로운 인구는 생겨난다. 그리고 사람들의 소득 또한 계속 늘어난다. 경제성장률이 4%이든 2%이든 간에 경제는 계속 발전한다.

또한 물가는 계속 오른다. 매년 물가가 5% 정도만 오르면 10년 후에는 소득이 두 배가 훨씬 넘어야 한다. 그리고 소득도 따라서 늘어난다. 사람은 한번 좋은 것을 맛보면 잊기 힘들다. 좋은 집을 보면 언젠가는 그곳에서 살고 싶어하는 것이 사람 심리다.

수도권의 대형 아파트는 지금은 미분양이더라도 10년 후에는 없어서 못 살 것이다. 타워팰리스도 처음에는 미분양되었고, 대한민국에서 제일 비싼 강남구 삼성동 아이파크도 처음에는 미달이었다. 물론 돈 없이 대형 미분양 아파트를 사는 것은 별로 바람직하지 않으나, 미분양 아파트를 잡아놓는다면 나중에 돈이 될 것이다. 당장 가까운 곳에 있는 아파트를 잡아라.

43

'돈치'를 위한 처방전

학생들과 식사하러 간 적이 있다. 귀여운 학생들이 맛있는 것을 사달라고 졸라대니 넘어갈 수밖에. 그러고 보니 얼마 전 동료들과 함께 맛좋은 고깃집에 다녀온 기억이 있어 데리고 가겠다고 큰소리를 쳤다. 즐거워서 참새처럼 재잘재잘 떠드는 학생들을 데리고 길을 나섰는데, 그 집이 어디에 있는지 잘 생각나지 않았다. 이 골목 같기도 하고 저 골목 같기도 해서 한참 동안 학교 앞을 헤맸다. 결국 우리는 고깃집을 찾지 못하고 근처 분식집에 들어가야만 했다.

"교수님, 완전히 '방향치'시네요."

학생들이 까르르 웃으며 놀려댔다. 무슨 소리냐고 묻자, 노래를 잘 못하는 사람을 음치라고 부르듯 길을 못 찾는 사람을 방향치라 부른다는 것이다. 가뜩이나 미안한 마당에 신조어까지 알아듣지 못해 더욱 쑥스러웠다.

요즘 젊은이들의 말을 빌려, 나는 돈을 어찌 다뤄야 할지 모르는 사람을 '돈치'라고 부르고 싶다. 어떤 사람이 돈치인지 알아보고, 혹시 자신은 돈치가 아닌지 되짚어보자.

이자율이 낮은 곳에 떡하니 돈을 넣어두는 사람은 돈치다. 그는 자신의 '종자돈'이 불려줄 이익에 관심이 없다.

신문 경제면을 지루하다는 이유로 접어버리는 사람도 돈치다. 나른 사람들은 똑같은 신문에서 살아 숨쉬는 부자 정보를 얻는데 그들은 신문 만화나 들여다보며 낄낄대느라 소중한 정보를 흘려버린다.

친구들과 어울려 정치 이야기를 하면서 보내는 시간이 많은 사람도 돈치다. 시간이 돈이라는 사실을 먼저 깨달아야 한다. 아무리 떠들어도 소용없는 문제에 열 올리는 사람은 일단 돈치라고 보면 된다. 다른 사람들은 그 시간에 자신의 재산 불리기에 열정을 쏟고 있다.

이런 돈치들에게는 돈이 있어도 걱정, 없어도 걱정이다. 있으면 어떻게 관리해야 할지 몰라 쩔쩔매다 엉뚱한 데 써버리고 만다. 없으면 돈 버는 방법을 몰라 항상 전전긍긍 살아간다. 음치와 방향치는 끊임없는 노력으로 고칠 수 있다지만, 돈치는 어떻게 해야 벗어날 수 있을까.

돈치를 처방하기 위한 해결 방안.

첫째, 돈을 생각의 중심에 두어야 한다. 다소 거창한 듯하지만, 세계를 움직이는 부자나라 미국을 예로 들어보자. 미국이 전 세계 국가들을 움직인 원동력은 산업발전이다. 핵심은 돈에 초점을 맞추고 조직간 연계를 넓혀나가는 공급사슬관리, 접촉영역을 확대하는 인터넷, 비효율을 줄여나가는 자원관리였다.

미국이 부자가 된 까닭은 돈이 그들의 생활을 지배하는 가장 큰 동력이었기 때문이다. 돈의 중요성과 위대함을 절감하고 생활에서 철저히 반영한 것이다. 돈이 미국을 인간 역사상 가장 위대한 국가(The Greatest Country)로 만들었다. 그 정신을 잊어버려서는 안 된다. 당신의 고민 한가운데에 돈을 두어라.

둘째, 돈을 행동의 중심에 두어야 한다. 1천 억 이상의 부를 획득하고 유지하는 부자들은 전부 금전관리 9단인 사람들이다. 그들의 행동은 모두 돈을 중심으로 이루어진다. 일반인의 행동을 변화시키는 데에는 여러 가지 요인(신앙, 존경심, 일반적인 이해

관계, 돈, 애정 등)이 있다. 그에 반하여 부자들의 행동 변화요인은 단한 가지, '돈'만 있을 뿐이다. 그들은 돈만을 위해서 움직이기 때문에 부자가 될 수 있었다.

그들은 현재 돈이 되거나 장래에 돈이 될 행동만 한다. 부자들의 눈을 통하여 보면, 일반인은 너무나 불필요한 행동을 많이 한다. 물론 본인 자신에게는 소중하고 중요한 일이지만, 부자가 되기 위해서는 맺고 끊는 결단력도 필요하다.

돈을 당신의 행동 가운데 두자. 돈이 아닌 것은 당신을 제대로 움직이지 못한다. 당신의 가치를 높여주고 생활을 윤택하게 만들어줄 일을 위해서만 기꺼이 뛰어라.

언제까지나 돈치로 살 것인가. 지금 당장 돈치에서 탈출하자. 돈을 사고와 행동의 중심에 두면 간단하게 해결된다. 세상 모든 '치'들의 멋진 도전을 기대한다.

부자로 가는 스쿨버스

동네 알부자들의 실전 노하우

글 | 한동철
카툰 | 이강훈

1판 1쇄 인쇄 | 2007. 9. 3
1판 1쇄 발행 | 2007. 9. 10

펴낸곳 | (주)북이십일_21세기북스
펴낸이 | 김영곤
Unit장 | 정성진
책임편집 | 서지연
기획편집 | 나은경 · 심지혜 · 윤영림
영업마케팅 | 윤지환 · 최창규 · 서재필 · 정민영 · 도건홍
윤문 | 손정혜
교정교열 | 백은숙
북디자인 | 김은경

등록번호 | 제10-1965호
등록일자 | 2000. 5. 6

주소 | 경기도 파주시 교하읍 문발리 파주출판문화정보산업단지 518-3(413-756)
전화 | 031-955-2100(대표) 031-955-2438(기획 · 편집)
팩스 | 031-955-2151(대표)
이메일 | book21@book21.co.kr
홈페이지 | http://www.book21.co.kr
커뮤니티 | http://cafe.naver.com/21cbook

값 11,000원
ISBN 978-89-509-1204-8